LO QUE DICEN LOS EXPERTOS

«Para mí es un placer recomendar esta excelen[...] gran cantidad de información para ayudar a los [...] nes sobre la práctica del colecho con su bebé, c[...] cuándo no se debería colechar. También da r[...] a preguntas que los pa[...] dres formulan con frecuencia, como hasta qu[...] car, cómo afecta al desarrollo del niño, si los gemelos p[...] dormir con un bebé prematuro. Los apéndic[...] recursos para padres que deseen investigar[...] tanto a padres como a profesionales de la salu[...] lativo al colecho, y les permitirá tomar decisiones meditadas».

Dra. Helen Ball, BSc, MA
Directora y Profesora de Antropología
Laboratorio del Sueño Maternoinfantil
Universidad de Durham, Reino Unido

«El colecho es una de las experiencias más deliciosas de ser padres, y los sabios consejos del Dr. McKenna basados en la investigación distinguen los mitos de la maravillosa realidad».

Dr. Harvey Karp
Profesor Agregado de Pediatría de la Escuela de Medicina de la UCLA
Autor del libro/DVD *El bebé más feliz del barrio*

«El nuevo libro de Jim McKenna, *Dormir con tu bebé*, es una obra maravillosa llena de consejos claros, seguros y lógicos para los padres, y escrita por un experto real que ha pasado su vida estudiando el sueño infantil. Solo por el capítulo de introducción, titulado "Por qué me preocupa tanto este tema", ya merece la pena comprar el libro. Pero siga leyendo el resto de la obra».

Dr. Lawrence M. Gartner
Profesor Emérito
Departamentos de Pediatría y Obstetricia-Ginecología
Universidad de Chicago

«Jim McKenna nos ofrece consejos sólidos, basados en la evidencia actual, sobre las mejores opciones para un entorno seguro para el sueño. Gracias, Dr. McKenna, por ofrecer a padres y madres algo en que pensar, a partir de una valoración multidisciplinar, y por ofrecer recomendaciones para garantizar un sueño seguro».

Dra. Miriam H. Labbok, MPH, FACPM, IBCLC, FABM
Directora del Centro para la Alimentación y Cuidado Infantil
Universidad de North Carolina—Chapel Hill

«¡Genial! Por fin un libro sobre el sueño escrito por un investigador que ha pasado buena parte de su carrera académica estudiando el colecho y su relación con la salud maternoinfantil. Esta información resulta vital para todos los que se preocupan por los niños, la crianza, la salud (tanto mental como física) y nuestra sociedad en general. Una de las cosas de las que me siento más orgullosa es que "descubrí" a Jim McKenna en 1989 y lo introduje en el mundo de la lactancia tanto a nivel profesional como de grupos de madres. Ahora es para mí un honor recomendar este libro en el ámbito de la lactancia y al mundo en general».

Chele Marmet, MA, IBCLC
Directora
Instituto de Lactancia
Conceptualizadora y pionera en el campo de la lactancia

«El Dr. McKenna diferencia claramente los prejuicios culturales de la ciencia de un modo muy equilibrado y entretenido, para que los padres puedan tomar correctamente sus propias decisiones sobre un colecho seguro».

Dra. Nancy E. Wight, IBCLC, FABM, FAAP
Directora Médica, Servicios de Lactancia
Hospital de Mujeres Sharp Mary Birch

«El Dr. James McKenna ofrece a los padres una visión completa y bien fundamentada del colecho y sus ventajas cruciales para el niño en todos sus niveles de desarrollo. Para garantizar la práctica segura del colecho, el Dr. McKenna examina cuidadosamente los mitos y realidades, proporcionando a los padres indicaciones prácticas y probadas para llevar a cabo el colecho de forma normal y natural. Le estoy agradecida por esta valiosa y oportuna guía, y la presentaré en todo el mundo».

Jeanne Ohm, D.C.
Coordinadora Ejecutiva
Asociación Pediátrica Quiropráctica Internacional

«¡BRAVO! El libro de Jim McKenna *Dormir con tu bebé: una guía para padres sobre el colecho* es un recurso fabuloso y muy necesario. El Dr. McKenna analiza con destreza décadas de investigación en biología humana, fisiología del sueño y antropología, y combina lo mejor de la ciencia con directrices prácticas, agradables y seguras para padres y profesionales».

Linda J. Smith, BSE, FACCE, IBCLC
Bright Future Lactation Resource Centre, Ltd.

DORMIR CON TU BEBÉ:

UNA GUÍA PARA PADRES SOBRE EL COLECHO

James J. McKenna

Crianza Natural, S.L.
Castelldefels, España

Título del original en inglés:
Sleeping with your baby: a parent's guide to cosleeping
© Platypus Media®, LLC, 2007

Traducción: Ramón Ollé y Rosa Sorribas
Revisión: Evarista García-Peña
Diseño de cubierta: Andrew Barthelmes

Nuestro especial agradecimiento al Dr. Carlos González y a Rosa Jové por la revisión técnica de la edición en castellano.

Primera edición, noviembre de 2009

Este libro no pretende sustituir el asesoramiento de los profesionales de la salud, sino proporcionar una guía de información general y una fuente de referencia. Consulte con su médico o pediatra de forma habitual. Ni el autor ni el editor asumen ningún tipo de responsabilidad médica o legal.

© Crianza Natural, S.L.
C/ Arenys, 26, Bajos 1
08860 Castelldefels (Barcelona)
Teléfono: 93 645 23 69
Fax: 93 636 24 32
http://www.CrianzaNatural.com
Correo electrónico: info@CrianzaNatural.com

ISBN: 978-84-613-5275-3
Depósito legal: B- 47.724-2009

Impreso por Grupo Gráfico 2005, S.L.

Impreso en España
Printed in Spain

Declaración de USBC, reproducida con permiso.
Declaración de ILCA, reproducida con permiso.
Declaración de LLLI, reproducida con permiso.

Créditos de las fotografías e ilustraciones:

Página 11	Fotografía gentileza de Daniel González
Página 15	Fotografía gentileza de Tim Merrick
Página 17	Fotografía gentileza de Josephine Fleming
Página 19	Fotografía gentileza de Leslie Byrd
Página 22	Fotografía gentileza de Heather Gollatz
Páginas 27, 29, 39, 42, 53, 56, 58, 65, 70, 71, 81, 83, 85, 87, 96, 97, 98, 99, 100, 101	
102, 103	Fotografías de www.dreamstime.com
Página 34	Fotografías gentileza de Molly Pesse, Evergreen Hospital
Página 37	Fotografía gentileza de Robert Copeland, Mark-It Television
Páginas 47, 89, 95	Fotografías gentileza de Rosie Moyer, www.littlelaughs.com
Página 67	Fotografía gentileza de Sabrina Raheem
Página 72	Fotografías gentileza de The Consumer Product Safety Commission
Página 73	Fotografía gentileza de James McKenna
Página 75	Ilustración de Andrew Barthelmes
Páginas 78, 79	Fotografías gentileza de Arm's Reach®
Página 90	Fotografía gentileza de Lucille Weinstat
Página 92	Fotografía gentileza de Kay Hoover, M Ed, IBCLC
Página 94	Ilustración de Kristen Gudsnuk

Este libro ha sido concebido para describir el estado científico actual y las controversias médicas y sociales sobre el colecho, así como las razones por las que no existe consenso sobre el tema. Pretende educar a los padres sobre qué entornos para el sueño son seguros y cuáles no lo son, según todas las líneas de evidencia científica, y ayudar a los padres de niños sanos y nacidos a término a evitar las condiciones adversas que pueden llevar a formas peligrosas de practicar el colecho. Este libro no aboga por una forma determinada de dormir, sino que aclara la importancia de que cada familia concreta organice su espacio para el sueño e informa a los padres sobre las ventajas potenciales de dormir con su bebé, siempre y cuando se cumplan ciertas condiciones de seguridad.

Muchos niños tienen una salud física y emocional peor de lo que cabría esperar. La epidemia actual de obesidad infantil sugiere que los niños están sobrealimentados, pero desnutridos desde el punto de vista emocional... ¿Qué es un niño con éxito? Un niño que es feliz, está bien adaptado y tiene una fuerte base moral... Un niño con éxito es un niño apegado, conectado no solo con la familia, sino con el mundo que hay más allá de ella.

William Sears y Martha Sears
The Successful Child

*Este libro está dedicado a mi madre, Mary Virginia Lane McKenna,
quien supo criar a sus seis hijos sin consultar al Dr. Spock,
y a la grata memoria de Grant Elsberry y sus padres Dan y Lisa, quienes
conocieron tanto la grandeza del amor como el abismo de la pérdida.*

CONTENIDO

PRESENTACIÓN DE LA EDICIÓN ESPAÑOLA

Dr. Carlos González

Hace ya más de un siglo, a alguien se le ocurrió prohibir a los padres dormir con sus hijos, y más tarde otros les prohibieron dormir cerca de sus hijos, e incluso dormir a sus hijos. «Dormir», que en boca de las madres había sido un verbo transitivo («Voy a dormir al bebé»), se convirtió en intransitivo: el bebé tenía que dormir solo.

Innumerables padres e hijos han sufrido por ese prejuicio. Unos se han visto reducidos al llanto y la soledad. Otros, muchos más de los que se piensa, han dormido juntos a escondidas, sintiéndose culpables, soportando acerbas críticas o mintiendo para no tener que soportarlas. Especialmente desde que, hace unas décadas, una nueva hornada de libros divulgó la idea de que los bebés a los que no se «enseña» a dormir solos desde muy corta edad tendrán «problemas de sueño» todo el resto de su vida.

He conocido, como padre, los temores e incertidumbres que produce el choque entre los prejuicios y la realidad: «¿Por qué llora, si se supone que los niños duermen?» «¿Qué le pasa ahora? ¡No puede tener hambre!» «¿Se acostumbrará si lo traemos a nuestra cama, no saldrá nunca más?». Por suerte, también había conocido, como hijo, la cama de mis padres: la paz, el calor, la completa seguridad. Tal vez fue ese el recuerdo que me permitió redescubrir la paz, el calor y la completa seguridad de dormir con mis hijos.

Ahora, cuando doy una conferencia sobre el tema, suelo preguntar si alguien en la sala no ha dormido nunca, ni una sola vez en la vida, en la cama de sus padres. Apenas se levantan un par de manos. Los que alguna vez hemos dormido con nuestros padres somos abrumadora mayoría, y ya va siendo hora de que nos decidamos a salir del armario.

11

La recomendación de poner a los bebés a dormir solos surgió sin ninguna base científica, con el arrollador argumento del «porque lo digo yo». Mucho más tarde, algunos investigadores intentaron dar respetabilidad a la teoría con estudios científicos que no iban al fondo de la cuestión. Se limitaban a preguntarse «¿Cuál es la mejor forma de conseguir que los bebés duerman solos?». Por suerte, otros científicos replantearon el problema desde el principio: «¿Es normal, es conveniente, es deseable que los bebés duerman solos?». Entre ellos, el profesor McKenna ocupa un puesto de honor.

A su formación como antropólogo, al profundo conocimiento de la maternidad y la crianza de los hijos en las distintas culturas humanas, ha unido décadas de trabajo en el laboratorio del sueño. Cientos de madres e hijos han dormido en sus instalaciones, cubiertos de cables, filmados con cámaras de infrarrojos mientras se analizaba su electroencefalograma, su frecuencia cardiaca y respiratoria, las fases de su sueño y el número de sus despertares. Fruto de ese intenso trabajo han sido numerosas publicaciones científicas, por desgracia poco accesibles para el público general. Y ahora, por fin, un libro de divulgación largamente esperado.

Durante doce años he mantenido una esporádica correspondencia con el profesor McKenna. Sus respuestas me abrieron nuevos horizontes, y sus amables palabras me animaron a escribir mis primeros libros. «Me pides el universo —respondía a mi primera carta—; podría escribir disertaciones sobre algunas de las preguntas que me haces». Pues bien, ya las ha escrito.

Espero que este libro dé a nuevas generaciones de padres la oportunidad de dormir tranquilos y disfrutar de sus hijos sin temor, sabiendo que lo que sus hijos y sus corazones les piden es también lo que la ciencia recomienda, y lo que otros millones de padres hacen y han hecho desde el comienzo de los tiempos.

El **Dr. Carlos González** es pediatra, padre de tres hijos y presidente de ACPAM, la Asociación Catalana Pro Lactancia Materna. Desde 1991 se dedica a impartir cursos de lactancia materna para profesionales de la salud. Es autor de *Mi niño no me come*, *Bésame mucho*, *Manual práctico de lactancia materna* y *Un regalo para la toda la vida*. También imparte conferencias y colabora de forma habitual en varias revistas.

PRÓLOGO
DE LA EDICIÓN ESPAÑOLA

Rosa Mª Jové

L a primera vez que James J. McKenna apareció en mi vida fue en un artículo que encontré hablando del colecho y la prevención del síndrome de la muerte súbita en el lactante a mediados de los 90. Por aquel entonces yo buscaba estudios que demostraran que el dormir con los bebés no era perjudicial y por primera vez leía uno que demostraba que no solo no era perjudicial.... ¡sino que además era beneficioso!

Aquel encuentro cambió en parte mi orientación profesional, ya que hasta aquel momento entendía el colecho como una opción parental más y este punto me hizo defenderlo ante los padres con mayor vehemencia: no se trataba de elegir entre colechar o no, sino que se trataba de elegir de qué forma hacerlo para que toda la familia durmiera mejor. Diez años más tarde, cuando escribí mi primer libro sobre el sueño, el colecho y James McKenna ocuparon un espacio muy especial y merecido en el mismo. No podía ser de otra forma.

A lo largo del tiempo he intentado seguir los estudios del Dr. McKenna y de una cosa me he dado cuenta: del profundo respeto que tiene a los niños y a las madres. Al leer sus estudios te das cuenta de cómo no solo habla sobre el sueño, sino de lo bien que conoce la naturaleza infantil. No en vano James McKenna es padre. Y aquí radica la grandeza de libros como el que nos ocupa, puesto que está basado en la sabiduría de un experto pero escrito por la mano de un hombre que fue padre y que entiende a los padres.

Este libro que ahora tenemos entre manos es el fruto de todas sus investigaciones sobre el colecho, explicadas de forma divulgativa para que los padres puedan seguirlas. Pero sobre todo es el libro que ha hecho posible, desde que se publicó por primera vez, que miles de niños hayan tenido la inmensa suerte de dormir con sus padres, de que miles de niños hayan dormido mejor o de que muchos de ellos estadísticamente escaparan del temible SMSL. La importancia de este libro va más allá del concepto de información sino que tiene el valor añadido de defender los derechos y la vida de los niños. Una gran obra sin duda. ¡Gracias Jim!

Rosa Mª Jové i Muntanyola es licenciada en Psicología por la Universidad Autónoma de Barcelona, y está especializada en psicología clínica infantil y juvenil y en psicopediatría (bebés de 0 a 3 años). Así mismo, es licenciada en Historia y Geografía con especialización en antropología de la crianza y autora de *Dormir sin lágrimas: dejarle llorar no es la solución* y *La crianza feliz.*

PRÓLOGO

Dra. Meredith Small

Puedes fiarte de Jim Mc-Kenna. Puedes fiarte especialmente de lo que dice sobre el colecho porque Jim es una persona atenta y honesta, y sus consejos sobre el sueño maternoinfantil se basan en la ciencia, la historia, la antropología y un conocimiento riguroso de la evolución humana. Su consejo está fundamentado en lo que la ciencia considera mejor, tanto biológica como emocionalmente, para los bebés y sus padres, y en el saber sobre el desarrollo del vínculo entre padres e hijos. Además, tiene experiencia práctica con el colecho. Jim es padre: tiene un hijo ya mayor con quien colechó, que ha resultado ser una persona estupenda.

También puedes fiarte de Jim porque ha defendido el colecho incluso durante las peores épocas de lo que se ha convertido en una gran controversia, sobre todo en Estados Unidos. Los académicos suelen permanecer en sus laboratorios y campos de trabajo, estudiando rincones esotéricos del conocimiento en su torre de marfil, sin que el público les preste atención. Pero desde que empezó a interesarse por el sueño infantil, Jim se ha obstinado en estudiar el tema y ha explicado incansablemente que nuestra cultura ha malinterpretado las verdaderas necesidades de los bebés. Él tiene, de alguna manera, el objetivo de cambiar nuestra cultura, y en esa búsqueda se ha convertido no solo en un observador del comportamiento humano, sino en alguien que quiere mejorarlo. Y esta no es tarea fácil.

Todas las culturas mantienen sus valores bien protegidos. A menudo, esos valores impregnan de tal modo la vida diaria que no se reconocen hasta que un ciudadano revolucionario decide comportarse de una manera distinta de la norma habitual. O hasta que algún antropólogo llega y cuenta que la gente de otras culturas tiene ideas diferentes y que puede haber varios tipos de «normalidad». El lugar donde duermen los bebés es un tema tan controvertido en la cultura occidental porque está integrado (sin ánimo de ofensa) en nuestra ideología, que trata de fomentar la independencia para todos los ciudadanos, incluso para los bebés. Podemos hablar de la importancia de la familia, pero en la cultura occidental se valora el estar solo, tomar decisiones solo y pasar por la tormenta emocional de la vida en solitario, sin necesidad de nadie. Nuestro temor por compartir la cama con un bebé está influido por las costumbres comunes de la vida habitual en la cultura occidental. «Debemos» trabajar todo el día, estar con la familia por las tardes y los fines de semana, y dormir solos (curiosamente, a los adultos se les permite dormir juntos, pero solo con otros adultos), profundamente y durante toda la noche. La cama en Occidente también es sinónimo de sexo, y esto hace que pueda resultar sospechoso dormir con un niño pequeño.

Pero Jim McKenna ha desafiado todas estas creencias culturales y les ha dado la vuelta. Y lo ha hecho como buen científico. Su trabajo en el laboratorio del sueño ha demostrado que existe una conexión nocturna entre un bebé y su madre, al registrar los cambios fisiológicos que experimentan ambos y al visualizar el baile nocturno que se produce entre madre e hijo. Esta conexión, tal como Jim ha mostrado, está basada en la biología y es mesurable. También investigó dónde duermen los bebés de muchas culturas, y siguió el camino de las tradiciones sobre el sueño en la cultura occidental para tratar de entender por qué somos ahora tan inflexibles y estrictos sobre el lugar donde deben dormir los bebés. A partir de todo este conocimiento, McKenna recomienda el colecho, siempre bajo condiciones seguras, porque es lo mejor para los bebés y sus padres. Puedes fiarte de su consejo porque Jim ha investigado este tema desde todos los ángulos posibles.

La norma aceptada en la cultura occidental es que los bebés duerman solos; eso es lo que recomiendan los pediatras y lo que esperan los abuelos. El colecho se ha convertido en un acto revolucionario. Pero los padres que eligen dormir con sus hijos no se sienten revolucionarios; solo quieren estar cerca de sus bebés. Por suerte tenemos a Jim para tranquilizar a las familias y decirles que su elección es normal y natural, diga lo que diga la cultura. Confía en Jim McKenna y felices sueños.

La **Dra. Meredith Small** es autora de *Nuestros hijos y nosotros, Kids: How Biology and Culture Shape the Way We Raise Young Children* y catedrática de Antropología en la Universidad de Cornell, Estados Unidos. Estudiosa del comportamiento de los primates, la Dra. Small investiga la intersección entre biología y cultura, y cómo esta afecta a la salud y el bienestar de los niños.

PREFACIO

Dr. Peter Fleming

A lo largo de la historia de la humanidad, la mayoría de los seres humanos nunca se han preguntado dónde o con quién debería dormir un bebé. La importancia del contacto cercano entre la madre y su hijo, así como la disponibilidad de la madre para amamantar, eran tan primordiales para la supervivencia del bebé que sugerir cualquier otra posibilidad se habría considerado como negligencia o abuso. A finales del siglo XIX, varios investigadores, en un intento de descifrar el misterioso aumento de casos de bebés fallecidos en los habitáculos más pobres de las grandes ciudades (sobre todo en Londres), llegaron a la conclusión de que, como la mayoría de las muertes ocurrían mientras los bebés dormían con sus padres, la causa directa era el hecho de compartir la cama con ellos, agravado por el alcoholismo de muchos padres y la pobreza generalizada. Alrededor de cien años más tarde, la Academia Americana de Pediatría llegó a una conclusión similar, a partir de la extrapolación de datos recogidos con sumo cuidado sobre la interacción de varios factores de riesgo y el hecho de que madre y bebé compartieran cama.

El libro del profesor McKenna trata de aclarar el conflicto aparente entre la literatura antropológica, que subraya el valor y la importancia de las interacciones entre madre e hijo para el desarrollo infantil, y la literatura pediátrica, que se centra en los peligros potenciales de compartir la cama como un factor de riesgo de las muertes infantiles inesperadas. La realidad, según muestra con elegancia el Dr. McKenna, es que no hay conflicto, sino una manera diferente de mirar la misma información.

Esta útil exposición sobre la importancia del contacto madre-hijo durante las 24 horas del día pone en claro que, en algunos casos, bajo determinadas circunstancias, compartir una misma cama puede ser peligroso para los niños. Pero también muestra que si se informa a los padres, estos son conscientes de los riesgos y ventajas potenciales, y deciden eliminar los peligros identificables, entonces compartir la cama o, al

17

menos, compartir habitación, puede resultar seguro y satisfactorio para las madres y sus bebés.

La información contenida en este libro debería ser de conocimiento básico y obligatorio para aquellos que traten con padres e hijos en cualquier entorno. Muestra la importancia de no permitir que nuestro conocimiento sobre cómo todos crecimos y nos desarrollamos como niños se vea distorsionado por casos poco frecuentes de tragedias que podrían evitarse fácilmente. A la hora de tomar decisiones sobre el cuidado infantil, no hay nada mejor que unos padres bien informados.

El **Dr. Peter J. Fleming**, después de licenciarse en Medicina en 1972 y doctorarse en Fisiología, además de las especialidades de Medicina Familiar y Pediátrica, ha trabajado en el campo del cuidado de recién nacidos y bebés y del sueño infantil durante casi 30 años. Como jefe del equipo de investigación de Avon, que identificó muchos de los factores de riesgo del síndrome de la muerte súbita del lactante (SMSL), dirigió la campaña «Dormir de espaldas» en el Reino Unido y en otros países a principios de los años 90, y ha continuado su investigación en este campo, con un énfasis particular en los efectos de las interacciones madre-hijo y los efectos del entorno de sueño del niño. Sus mayores fuentes de conocimiento e inspiración en este y otros campos son Jo, su mujer (médico de familia), y sus cuatro maravillosos hijos.

INTRODUCCIÓN

Dr. William Sears

En 1978 emprendimos la aventura de dormir con nuestros hijos. Hasta ese año, nuestros primeros tres hijos eran dormilones, y, como tantas otras familias, usábamos moisés y cuna. Pero llegó nuestra cuarta hija, Hayden, cuyo nacimiento cambió para siempre nuestras noches. Durante sus primeras semanas de vida, pusimos a dormir a Hayden en el moisés, igual que habíamos hecho con nuestros hijos anteriores, pero se despertaba muy a menudo, como si sufriera una especie de ansiedad nocturna. Una noche, mi esposa, dijo agotada: «No me importa lo que digan los libros. Necesito dormir…». Trajo a Hayden a nuestra cama, ambos durmieron en paz, y el resto es una hermosa historia.

Dormimos con nuestros siguientes cuatro hijos, uno cada vez, hasta que se destetaron. Yo era un pediatra joven y no había recibido formación médica sobre dónde debían dormir los bebés, así que estaba fascinado por la relajada sincronía que observé entre madre e hija. Martha se despertaba un poco, justo antes de que Hayden lo hiciera. Le daba el pecho o la tranquilizaba para que durmiera y ninguna de las dos llegaba a despertarse por completo. ¡Impresionante! Aquí está pasando algo bueno, pensé. Si pudiera conectar madre y bebé a una máquina, y probar científicamente que algo saludable está pasando entre ambas cuando comparten la cama, entonces podría acallar a los que quieren que duerman separadas, que nos advierten contra esta «mala costumbre» afirmando que «nunca abandonaría nuestra cama», y acabaría con los miedos infundados de la dependencia eterna. En aquella época, lo habitual era fomentar la independencia temprana durante la noche y que el bebé se calmara solo.

En 1981 conocí al Dr. McKenna, cuyo interés y pasión era estudiar científicamente a madres y bebés en varios entornos de sueño y documentar las diferencias fisiológicas entre los que dormían juntos y los que lo hacían separados. Recuerdo, todavía, que le comenté en una comida: «Jim, voy a seguir tus investigaciones muy cuidadosamente, porque estoy convencido de que, cuando madre e hijo duermen el uno junto al otro, ocurren muchas cosas positivas. Aunque no puedo probarlo». Como médico, mi lema siempre ha sido: «¿Qué dicen los estudios?». La crianza es demasiado valiosa para basarse solo en opiniones. Además, ya se me conocía como «el osado médico que recomienda que los niños duerman con sus madres».

Veinticinco años y muchos artículos científicos más tarde, James McKenna ha probado lo que los padres intuitivos sospechaban desde hacía tiempo: algo saludable les ocurre a la madre y al bebé cuando colechan. En este libro, el Dr. McKenna nos lo demuestra. Los lectores pueden confiar en que el consejo práctico del Dr. McKenna está respaldado por miles de horas invertidas en el laboratorio, estudiando a madres e hijos que duermen juntos. Además, relata sus observaciones y cautivadoras conclusiones en un lenguaje ameno.

Durante la crianza nocturna de nuestros ocho hijos, aprendimos una valiosa lección a la hora de decidir dónde debían dormir los bebés: póngase tras la mirada de su hijo y pregúntese: «Si yo fuera mi bebé, ¿dónde querría dormir?» ¿Querría su bebé dormir solo en una habitación separada, detrás de unos barrotes, con un alto riesgo de experimentar ansiedad nocturna, o desearía ser acunado al lado de su persona preferida en todo el mundo y disfrutar de una noche tranquila?

En este libro encontrará consejos fiables de la autoridad mundial sobre el sueño infantil.

El **Dr. William Sears**, o Dr. Bill como le llaman sus «pequeños» pacientes, es padre de ocho hijos y autor de alrededor de 30 libros sobre cuidado infantil. Es catedrático asociado clínico de Pediatría en la Escuela de Medicina de la Universidad de California, Irvine, y se formó como pediatra en la escuela médica de Harvard del Hospital de Niños de Boston y en el Hospital para Niños Enfermos de Toronto. Es miembro de la Academia Americana de Pediatría (AAP) y del Real Colegio de Pediatras. Es también consultor de pediatría de las revistas *BabyTalk* y *Parenting* y del portal *Parenting.com*.

ACERCA DEL AUTOR

El Dr. James J. McKenna es catedrático de Antropología en la Universidad de Notre Dame, en Indiana, Estados Unidos. También dirige el Laboratorio del Comportamiento del Sueño Maternoinfantil en la misma universidad. Ha publicado numerosos artículos sobre el sueño infantil, la lactancia, el síndrome de muerte súbita del lactante y la evolución del comportamiento humano, con especial énfasis en las diferencias de comportamiento y fisiología entre las díadas madre-bebé que duermen separadas, juntas o amamantan. Su interés se centra en cómo los factores culturales influyen en las prácticas de cuidado de los niños, que, a su vez, afectan a la salud y el bienestar maternoinfantil. Los Institutos Nacionales de Salud Infantil y Desarrollo Humano de los Estados Unidos patrocinaron estos estudios. Actualmente está desarrollando un proyecto prospectivo en varios lugares de Estados Unidos, observando a madres adolescentes primerizas durante su embarazo y a lo largo de los primeros tres años de vida de sus bebés. Sus artículos han aparecido en periódicos y revistas académicas alrededor del mundo. Está considerado como una de las autoridades principales en estudios científicos sobre la lactancia y el colecho entre niños y sus padres, especialmente en lo relativo a compartir cama, y ha sido pionero en el estudio de esta práctica. Es un ponente muy solicitado en todo el mundo para conferencias pediátricas, de salud, profesionales y sobre crianza. Su página web es: http://www.nd.edu/~jmckenn1/lab.

POR QUÉ ME PREOCUPA TANTO ESTE TEMA

Dr. James J. McKenna

«No existe el concepto de bebé, es un bebé y alguien más».

D.H. Winnicott

uchos de mis amigos encuentran divertido que me pase la mayoría de horas que estoy despierto estudiando lo que hace la gente cuando duerme. Es cierto. Me fascina lo que ocurre cuando la gente duerme y, en particular, lo que hacen las familias. Como director del Laboratorio del Comportamiento del Sueño Maternoinfantil en la Universidad de Notre Dame, mis estudiantes y yo investigamos, entre otras cosas, la lactancia nocturna, el colecho entre padres e hijos, y, especialmente, la modalidad de colecho que consiste en que padres e hijos compartan la misma cama. Nuestra investigación no pretende aumentar nuestros conocimientos sin más. Esperamos contribuir a que madres e hijos puedan dormir mejor, a mejorar su desarrollo físico y emocional e, incluso, a salvar vidas.

Los padres recientes reciben una avalancha de consejos contradictorios por parte de parientes, amigos bienintencionados, profesionales médicos, revistas, el gobierno y, por supuesto, otros padres. La inmensa mayoría de padres quieren lo mejor para sus hijos, aunque este bombardeo de información hace que la sabiduría de los propios padres y madres y su capacidad para tomar sus propias decisiones informadas se vean, de alguna forma, mermadas. Es como si todos los demás supieran exactamente qué es lo mejor para su propio hijo.

Compartir cama, dormir junto al propio bebé y acostarlo boca arriba (lo que facilita la lactancia) son prácticas tan universales y extendidas que a muchos padres de todo el mundo les resulta imposible imaginarse preguntando dónde debe dormir el bebé, si es correcto o no dormir con él, en qué posición debe colocarse y cómo habría que alimentarlo.

Con el nacimiento de nuestro hijo Jeffrey en 1978, mi esposa Joanne y yo entramos en el mundo de la paternidad. Preocupados por nuestras nuevas responsabilidades, devoramos un libro tras otro sobre este tema.

Ambos somos antropólogos, y nos sentimos bastante desconcertados por lo que encontramos en nuestras lecturas sobre el cuidado de los niños. Al revisar lo que los expertos tenían que decir sobre los patrones de alimentación o la disposición para dormir, nos sentimos muy confundidos. O bien toda nuestra formación e investigación sobre los aspectos universales de la vida humana era errónea, o bien los expertos pediatras omitían o ignoraban información fundamental.

No solo advertimos que no había nada en los libros sobre cuidado infantil que reflejara algo de lo que nosotros sabíamos sobre nuestra herencia primate y nuestra forma de dormir, sino que tampoco se tenían en cuenta los conocimientos actuales en el ámbito la neurobiología y la psicología sobre la biología infantil humana y el papel del contacto con la madre en el desarrollo del crecimiento y bienestar infantil. Además, aprendimos que las recomendaciones habituales para el cuidado infantil no se basaban en estudios experimentales en laboratorios o estudios de campo con niños reales, ni en análisis interculturales sobre cómo viven en realidad los bebés humanos.

Más bien, estos libros se basaban en viejas ideas culturales de los setenta u ochenta, exclusivas de los países occidentales, y nuevas desde el punto de vista histórico, que en su mayoría reflejaban los valores sociales de médicos varones que nunca habían cambiado un pañal ni habían estado a cargo de sus propios hijos de forma sustancial. Se trataba sobre todo de hombres de mediana edad que preferían definir a los bebés según lo que ellos querían que fueran, en lugar de considerar lo que realmente eran: pequeñas criaturas muy dependientes fisiológica, social y psicológicamente de la presencia de un cuidador, con una intensidad y durante un tiempo sin precedentes en comparación con otros mamíferos. Cuanto más profundizábamos en estos temas, más advertíamos que las ideas imperantes carecían de base científica. Este descubrimiento cambió mi carrera.

Los valores sociales occidentales promueven ante todo que el niño sea autosuficiente tan pronto como sea posible. Este hecho histórico de nuestra cultura permite entender por qué se ha aceptado, sin que ningún científico tenga que demostrarlo, que los niños deben dormir separados de sus padres lo antes posible para conseguir futuros adultos felices, seguros, independientes y sanos emocionalmente, así como padres y madres llenos de energía, contentos de separar sus vidas nocturnas de las de sus hijos. Sin ningún estudio antropológico, que habría podido levantar importantes dudas sobre estas suposiciones, se promovió la idea de que los bebés debían dormir en espacios separados, y alimentarse con lactancia artificial controlada. Los pediatras y expertos en cuidado infantil afirmaron, de forma errónea, que así se fomentaría la capacidad infantil para «autoconsolarse» y que los niños así criados llegarían a ser adultos independientes.

Durante los años noventa, en el Laboratorio sobre Trastornos del Sueño de la Escuela de Medicina Irvine de la Universidad de California, mis compañeros, los doctores Sarah Mosko, Chris Richards, Claibourne Dungy, Sean Drummond, y yo mismo dirigimos la primera investigación sobre las diferencias psicológicas y de comportamiento entre bebés que dormían solos y bebés que compartían cama con sus madres.[1] Por primera vez, se iniciaron dos estudios piloto y un estudio mayor de tres años para documentar a bebés amamantados en exclusiva que dormían junto a sus madres, lo cual, desde un punto de vista biológico, se considera como el patrón normal de sueño infantil humano. Nuestro trabajo, desarrollado con fondos de los Institutos Nacionales de Salud Infantil y Desarrollo Humano, fue el primero en explorar el impacto de la disposición a la hora de dormir en la psicología y el comportamiento nocturno de los bebés y sus madres. Los estudios sobre el comportamiento nocturno han continuado en el Laboratorio del Comportamiento del Sueño Maternoinfantil en la Universidad de Notre Dame, donde seguimos demostrando con claridad las habilidades especiales de las madres de bajo y alto riesgo para responder a las necesidades de sus hijos cuando duermen juntos.

Puede parecer que pasan pocas cosas mientras que un bebé está durmiendo, y que, simplemente, el cuerpo del niño necesita desconectarse durante un tiempo, cada día. Pero no es así. Durante el sueño tienen lugar toda clase de procesos físicos y neurológicos, y se desarrollan interconexiones entre nuevas células. En este estado, el cerebro determina cuántas y qué neuronas le interesa retener o «descartar», y ello afecta al desarrollo intelectual, emocional y psicológico del niño. Los jóvenes cerebros de los niños humanos necesitan limitar la demanda de nutrientes de las células que no se utilizan a menudo, en beneficio de las que sí se usan.

Sin la estimulación del contacto y las interacciones entre madre e hijo, incluidos los intercambios sensoriales nocturnos, algunas células cerebrales neonatales pueden perderse para siempre. Esta idea ha llevado a algunos psicólogos del desarrollo a argumentar que los niños están mucho más amenazados por aquello que no reciben, en términos de estimulación neurológica, que por aquello que reciben, puesto que las células cerebrales «descartadas» no se pueden recuperar más tarde. Si el contacto del bebé con el cuerpo de la madre es mínimo, su armazón neurológico puede hacerse menos estable y eficaz, debilitando las estructuras que sirven de base para un crecimiento rápido de sus capacidades comunicativas, su emocionalidad y su capacidad de regular y responder eficazmente a sus propias necesidades.[2]

Durante generaciones, los padres han recibido indicaciones para colocar a su hijo en una cama separada y solo, con el propósito de fomentar la independencia del niño y la intimidad de los adultos. Este legado cultural es propio de las sociedades occidentales. Con frecuencia, se piensa que los padres que duermen con sus hijos son pobres o bien poco competentes. Cuando escuchamos historias sobre bebés que no pueden o quieren dormir solos toda la noche, es muy raro que alguien exclame: «¡Qué bebé tan bueno!», a pesar de que el contacto es precisamente lo mejor desde el punto de vista de la biología infantil humana.

La buena noticia es que, recientemente y por vez primera, la Academia Americana de Pediatría (AAP) recomienda que los niños deben dormir «cerca» de la madre, en la misma habitación. Y la mala es que se opone a que duerman sobre la misma superficie, en la misma cama. Aquí es donde radica la controversia.

Este es el motivo por el que he escrito este libro. Quiero compartir lo que hemos aprendido. Me gustaría que las familias comprendieran todo lo que ocurre durante el sueño y el colecho, como la comunicación entre madre e hijo a través del tacto, el olor, el sonido y el gusto. Esta comunicación inconsciente es parte de la forma en que nuestra especie ha evolucionado para mejorar la salud y garantizar la supervivencia, y es, asimismo, una parte intrínseca de la forma en que los padres comunican y experimentan el amor hacia sus hijos, con ellos y entre ellos. Un bebé que duerme solo, en una cuna, fuera de la supervisión y control de su madre o su padre, se ve privado de esta comunicación vital y, como los estudios científicos han probado, corre un riesgo.

Cuando uno observa el predominio del colecho en el mundo de los mamíferos y en diferentes culturas y épocas de la historia de la humanidad, queda claro que dormir juntos es universal y atemporal, y que se practica de muchas y variadas formas. Mi intuición me dice que algo tan habitual debe tener sus ventajas, pero solo a través de amplios y rigurosos estudios científicos se ha determinado que realmente es así. El colecho no solo es normal, habitual e instintivo, sino que además puede resultar lo mejor para la familia cuando se adopta con el propósito de proteger y alimentar a los hijos, cuando la seguridad es prioritaria, y cuando cada familia elige la forma correcta de llevarlo a cabo.

Dicho esto, uno no puede ignorar que la gente vive de formas muy diferentes. No existen garantías de que nada de lo que hacemos con los niños se lleve siempre a cabo de una manera segura. El colecho, en la modalidad de compartir la misma cama, no es una excepción. Es cierto que algunas formas de practicar colecho pueden resultar peligrosas. Compartir la cama con un bebé es, en general, una práctica más compleja y menos estable que ponerlo en una cuna, con sus ventajas e inconvenientes. La clave es que debemos educar a las familias para que eviten el colecho si en su caso particular existen riesgos conocidos. En este sentido, no hay una receta única a la hora de organizar la forma de dormir de cada familia. Es fundamental que seamos conscientes de qué puede ser peligroso, y qué se puede y no se puede modificar. Cuando las circunstancias familiares pongan de manifiesto factores de riesgo que hagan peligroso el colecho, debemos proponer otras prácticas alternativas.

Lo cierto es que ningún entorno para el sueño está totalmente libre de riesgos. Pero el hecho de que la práctica del colecho no esté absolutamente libre de riesgos no debería ser un argumento para desaconsejarlo: este mismo argumento sería igualmente válido para una recomendación global contra el uso de cunas, dado que dormir en una cuna también conlleva riesgos. Por citar un ejemplo diferente, cada año mueren miles de personas mientras comen, por atragantamiento, aunque comer es algo normal, habitual e instintivo. Para reducir los riesgos, nadie aconseja a los adultos que dejen de comer, sino que se les enseña la maniobra de Heimlich, y se ofrecen indicaciones a los padres sobre cómo preparar la comida y alimentar a los niños pequeños. Del mismo modo, aprendemos con gran esfuerzo la forma correcta de utilizar y colocar sillitas de seguridad en el coche, y no se prohíbe el transporte infantil en vehículos, aunque cada año mueren muchos bebés porque sus padres ignoran cómo reducir los riesgos durante los trayectos en automóvil.

Este libro aspira a ofrecer una perspectiva equilibrada, completa y global sobre el colecho, en particular cuando la madre amamanta. Pretende ofrecer información sobre las medidas de seguridad, y reafirmar a aquellas familias que están pensando en dormir con sus bebés, o que ya lo están haciendo. Disfrutar cada minuto con nuestro bebé, tanto si está despierto como dormido, es importante ya que a veces pasamos poco tiempo con él. Confío en que este libro le permitirá sentirse cómodo al responder a las necesidades de su bebé, y que le ayudará a confirmar sus opciones de crianza. Sé que no estoy solo en mi deseo de ayudarle a que su familia crezca feliz y disfrute de experiencias que perdurarán para siempre.

Jim McKenna, mayo de 2007

PRIMERA PARTE:

UNA INTRODUCCIÓN AL COLECHO

¿QUÉ ES EL COLECHO?

ucha gente no acaba de entender el término «colecho», pero sin embargo lo utiliza porque intuye su significado. Imagine una madre leona con sus cachorros amontonados, las patas sobre las espaldas, las cabezas sobre las barrigas, partes de sus cuerpos subiendo y bajando con cada respiración rítmica, el grupo entero enroscado formando un ovillo, cálido, tranquilo, unido; esto es colecho o, por lo menos, una de sus versiones.

Desde luego, cada especie colecha a su modo, y cada manera refleja las características y necesidades biológicas particulares de crías y madres. Los primates, por ejemplo, incluidos los humanos, suelen dar a luz a un solo individuo, lo que permite que cada hijo duerma solo con sus progenitores. De esta forma, cada bebé puede recibir la máxima atención durante una infancia muy larga y vulnerable. Las crías humanas tienen una necesidad especial de contacto, apoyo emocional, lactancia y transporte.

El colecho hace referencia a las diferentes formas en que los bebés, situados generalmente al alcance de la mano, duermen en una cercanía emocional y física con sus padres. Ya sea para darse protección, calor, alimento o confort, los humanos y otros mamíferos suelen dormir juntos, generación tras generación. Este libro trata sobre el colecho de la forma en que se practica aquí, en las culturas occidentales, y en el resto del mundo. De una forma u otra, el colecho ha sido una práctica universal para nuestra especie, a lo largo de toda su historia.

El colecho no siempre es igual; en algunas situaciones es seguro, y en otras no. Y, si bien las circunstancias de cada familia pueden variar, se considera que una familia «colecha» cuando sus miembros se abrazan, acurrucan y duermen lo bastante cerca como para detectarse y responder entre sí. Pueden compartir una misma superficie o no, pero al menos siempre está presente un adulto para controlar en todo momento el bienestar del niño.

Es muy importante precisar que el colecho no consiste únicamente en compartir la cama, por ejemplo, sino que también puede hablarse de colecho cuando padres e hijos comparten habitación, o en cualquier otra situación en que los hijos estén al alcance de la mano de los padres, aunque no duerman sobre la misma superficie. Uno de los aspectos más difíciles al que nos enfrentamos es el de alcanzar un acuerdo en que, si bien no todas las formas de colecho son igualmente seguras, tampoco todas ellas son peligrosas. Algunas autoridades médicas, por ejemplo, afirman erróneamente que «el colecho es peligroso», cuando lo que quieren decir en realidad es que dormir juntos en un sofá es peligroso (lo cual es muy cierto) o que, en su opinión, compartir la cama entraña un riesgo (lo que puede ser cierto o falso en función de la forma en que se practique). Hablar sobre colecho sin especificar el tipo de colecho al que uno se refiere crea más confusión y controversia de la necesaria. Aunque puede haber diferencias de opinión sobre la manera en que se interpretan los descubrimientos científicos sobre el colecho, como veremos más adelante, en general el consenso sobre este tema es mucho mayor de lo que parece.

No existe una única forma correcta de poner en práctica el colecho. Hay formas de colecho más seguras que otras, y algunas no son seguras en absoluto. Pero algo está fuera de toda duda: tanto si comparten la misma cama como si no lo hacen o duermen en habitaciones diferentes, recuerde que nadie conoce a su bebé mejor que usted, y que ninguna otra persona es capaz de anticiparse y responder a las necesidades inmediatas de su bebé como usted lo hace. Las familias han compartido su sueño en colchones, alfombras, futones, suelos y hamacas. En todo el mundo, los padres continúan durmiendo con sus hijos al alcance de la mano, colgados en hamacas suspendidas del techo, envueltos en bolsas de piel o tela sobre ellos, en marsupios o sujetos a una tabla que hace de cuna.

Algunos duermen unos junto a otros echados en el suelo. Muchas familias desmontan sus camas para eliminar los espacios peligrosos entre las partes del mobiliario, y colocan un colchón en el centro de la habitación, lejos de las paredes; si algún padre o madre opta por el colecho, probablemente esta es la forma más segura de ponerlo en práctica. Otros duermen muy cerca, en la misma habitación, con el adulto en una cama y el bebé en un moisés o cuna separada solo por unos centímetros. Y también hay quienes se duermen en habitaciones individuales hasta que, en medio de la noche, se reúnen para una toma o cuando alguien se despierta y quiere cambiar de sitio.

El colecho puede ser un proceso de cambio constante: los bebés pasan de una cuna, donde fueron colocados al empezar la noche, a la cama de sus padres, y de ahí a un moisés y vuelta a empezar. Mis conversaciones con miles de padres a lo largo de los años demuestran que, en general, el bebé no duerme siempre en el mismo sitio. Un bebé puede quedarse dormido en la cama de sus padres y permanecer en ella toda la noche; o dormirse junto a su madre para luego ser trasladado a otro sitio; o dormirse en cualquier parte y ser recibido en la cama familiar para tomar el pecho en cualquier momento de la noche. Puede, incluso, que usted se quede dormida en la habitación de su bebé y pase en ella buena parte de la noche, o toda ella. Hay quien practica el colecho de la misma forma, noche tras noche, y quien lo varía y adapta a medida que crece el bebé y cambian las necesidades de los adultos.

Todas estas variaciones ilustran algo que los padres de recién nacidos tardan poco en descubrir: los patrones de sueño de su bebé experimentan cambios frecuentes y en ocasiones resulta difícil decir exactamente dónde dormirá. Es probable que los bebés no duerman bien mientras les están saliendo los dientes. A medida que los recién nacidos van creciendo, su desarrollo cognitivo y emocional afectará a sus necesidades nocturnas. Cuando los niños empiezan a tener conciencia de sus experiencias diarias (algunas de ellas aterradoras), es probable que necesiten más apoyo para ayudarles a enfrentarse a una confusión creciente y a las pesadillas. Durante las épocas de estrés, estar juntos por la noche resulta especialmente reconfortante para el niño. Traer un bebé a la cama y darle el pecho a lo largo de la noche es una forma sencilla de satisfacer sus necesidades, sea cual sea el nivel económico, educativo o social de la familia.

Compartir el sueño con los bebés es algo natural para la mayoría de familias de culturas no industrializadas, pero es frecuente que las familias de sociedades industrializadas tengan que «reaprender» métodos específicos de colecho. En otras palabras, muchos de nosotros tenemos muy poca experiencia con el colecho, ya que es muy probable que nuestros propios padres no lo practicaran y nos dejaran sin la preparación necesaria.

Es cierto que necesitamos ser muy conscientes de la forma en que practicamos el colecho. Si se comparte la cama, hay que cuidar la forma en que esta se dispone, y saber qué hacer con los otros niños, los animales domésticos y el mobiliario. Para proteger y fomentar el bienestar de su bebé, tendrá que conocer estrategias adecuadas para que el colecho sea seguro, sobre todo si elige compartir la cama. Los cuerpos de las madres han evolucionado para dormir junto a sus hijos, pero la actual diversidad y complejidad del mobiliario occidental no ha evolucionado para adaptarse a las necesidades del sueño de las madres y las familias. Otras situaciones peligrosas a la hora de compartir cama son el hecho de fumar o el consumo de alcohol o drogas. La forma y el lugar que la familia elige para dormir pueden modificarse o adaptarse a lo que el bebé precisa para dormir de la manera más cómoda y segura posible.

Como se explica a lo largo de este libro, el colecho requiere un considerable esfuerzo de los padres para crear un entorno tan seguro como sea posible. Este esfuerzo conlleva una recompensa enorme, tanto para los padres como para sus hijos. Es importante considerar que el tipo de colecho elegido puede llegar a tener un impacto positivo en el establecimiento y mantenimiento de un estrecho vínculo entre padres e hijos (en especial, si no pueden estar juntos durante la mayor parte del día), y favorecer la lactancia materna. Ahora, igual que a lo largo de la historia, el colecho ha desempeñado un papel primordial en la supervivencia y el bienestar infantil, y siempre ha contribuido a un desarrollo saludable tanto a corto como a largo plazo.

Es posible que los padres se enfrenten a la oposición de la familia, de expertos en cuidado infantil y de los pediatras, que defienden que el niño debe dormir solo y los padres deben gozar de intimidad, o que etiquetan el compartir cama como algo poco seguro sean cuales sean las circunstancias. Quienes se oponen al colecho afirman erróneamente que los «problemas» no se pueden evitar, y que los niños sólo desarrollarán sus capacidades sociales y su independencia si duermen solos y sin apenas intervención ni contacto materno. No hay nada más lejos de la verdad científica.[3] Muchos profesionales y gente bienintencionada creen que cualquier forma de colecho es perjudicial y que no puede practicarse de forma segura. Y, al condenar en bloque todas las formas de compartir la cama o de colecho sin diferenciar específicamente los factores de riesgo y sin considerar que las ventajas y peligros varían según el contexto, confunden sus preferencias e ideologías personales con las estrategias públicas correctas y la ciencia mal interpretada.

Cientos de miles de niños mueren en sus cunas debido al síndrome de muerte súbita (el término aplicado cuando se desconocen las causas de la muerte) cuando las cunas se utilizan de manera insegura y sin la supervisión de un cuidador adulto, lo que ha llevado a un amplio estudio de los requisitos de seguridad de una cuna y de su forma de uso. Nadie ha demostrado jamás que compartir la cama sea siempre inseguro y que no pueda hacerse de manera segura. La suposición de algunas autoridades médicas de que la madre es incapaz de responder a las necesidades de su bebé mientras duerme está rebatida por la supervivencia de los niños durante toda la historia y la prehistoria. A un nivel más práctico, esta idea ha sido rebatida por nuestros estudios exhaustivos en el laboratorio,[4] por datos multiculturales sobre la infancia y la cama compartida en todo el mundo[5] y por datos evolutivos[6] que han relacionado el colecho maternoinfantil con la lactancia.

Más importante aún, la idea de que cualquier forma de compartir la cama es inherentemente peligrosa queda refutada por las propias madres[7] que hoy duermen de manera segura con sus bebés o lo hicieron en el pasado reciente. Pero perpetuar en el público la idea de que el cuerpo de la madre, sean cuales sean sus intenciones, motivos y capacidades, representa una amenaza inherente para su bebé no solo es científicamente insostenible, sino inmoral y mucho más peligroso a largo plazo que la propia idea del colecho.

Me preocupa cada vez más el deseo de nuestra sociedad de pasar por alto la crianza nocturna, la sabiduría adquirida y el criterio de los padres, en favor de una supuesta «puericultura científica» crecientemente impersonal e inapropiada. Además de equivocarnos a una escala que ya nos resulta a todos trágicamente familiar (recomendaciones de poner al bebé a dormir boca abajo, situar a los niños en habitaciones separadas y darles leche artificial), esta visión del mundo, si no actuamos sobre ella, dificulta que la paternidad pueda vivirse gozosamente, y, aún peor, incita a los padres a dudar de su capacidad para valorar lo que sus propios hijos necesitan, obstaculizando su felicidad, seguridad y salud.

DORMIR CON SU BEBÉ ES NORMAL

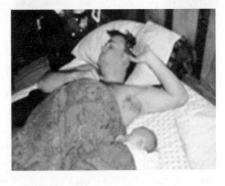

Durante la mayor parte de la historia de la humanidad (y antes de que existieran registros escritos), que cubre cientos de miles de años, las madres han combinado el colecho con la lactancia de forma eficaz para satisfacer las necesidades inmediatas sociales, psicológicas y físicas de sus bebés. Los seres humanos nacen más inmaduros que cualquier otra especie animal. Tanto si han nacido en Indiana, Estados Unidos o Papúa Nueva Guinea, todos son vulnerables, lentos en su desarrollo y completamente dependientes de sus padres para que los lleven, alimenten y toquen. La mayoría de los mamíferos nacen con un cerebro que tiene entre el 60 y el 90 % del tamaño de un cerebro adulto. Los humanos nacen con solo el 25 % del tamaño del cerebro adulto. Comparados con otros mamíferos, los bebés humanos son los que necesitan más tiempo para crecer y tienen un estado de dependencia biológica más prolongado. En este estado de inmadurez, los bebés humanos, al menos durante los primeros meses, son incapaces de regular su temperatura corporal sin tener a su madre al lado. Tampoco pueden elaborar anticuerpos; por ello, necesitan recibir los de la leche materna para protegerse de virus y bacterias. Los bebés humanos no pueden controlar esfínteres, hablar, fabricar herramientas, digerir grandes moléculas ni andar. En palabras del antropólogo Ashley Montagu, los bebés humanos son «exterogestados»,[8] lo que quiere decir que completan su gestación tras el nacimiento, y alguien tiene que estar ahí para ayudarles.

Debido a esta inmadurez del desarrollo tan extrema en los humanos, los bebés necesitan que alguien (especialmente la madre) huela, toque, emita sonidos y se mueva para sentirse seguros, y tener sus necesidades físicas satisfechas a un nivel óptimo. Todas las crías de primate, incluidos los humanos, esperan biológicamente estar en contacto y en proximidad muy cercana con sus cuidadores. De hecho, los recién nacidos no están adaptados al entorno físico exterior, sino a aquello que el cuerpo de la madre les ofrece. Es imposible darle a un bebé humano demasiado contacto o afecto; más bien, el bebé se desarrolla con el contacto y crece más cuanto más recibe.[9] Cuando un bebé se ve privado de estas sensaciones, usará sus respuestas primarias de supervivencia (el llanto) y producirá cortisol, una hormona del estrés, mientras trata de conseguir que le atiendan sus padres.

El colecho, que tradicionalmente ha sido una extensión de nuestra necesidad humana de cercanía entre padres e hijos, es un acto significativo para nuestra resistencia evolutiva. Los estudios antropológicos que han analizado las costumbres en familias tropicales, en culturas no industrializadas, han descubierto que todas estas sociedades cazadoras-recolectoras y de nivel tribal comparten el sueño con sus bebés.[10] Los investigadores consideran estas sociedades más similares, desde el punto de vista ecológico y adaptativo, a las culturas prehistóricas, cuyos miembros dormían juntos para asegurar la supervivencia y el bienestar de sus hijos. Así que el colecho es muy, muy antiguo para los seres humanos.

Solo en la historia reciente las madres de una parte relativamente pequeña del mundo tienen el dudoso lujo de plantearse dos preguntas básicas: «¿Cómo debo alimentar a mi bebé?» y «¿Dónde debe dormir mi bebé?». El origen de estas preguntas parte del descubrimiento y producción de la leche artificial, y del énfasis de la sociedad en las supuestas ventajas de este tipo de alimentación. Dar el biberón permitió a las madres pasar más tiempo lejos del bebé, y, gracias a la creciente riqueza de la clase media y al valor en auge del individualismo, separar las habitaciones de padres e hijos se convirtió en algo más habitual y culturalmente de moda. A mediados del siglo XX, y por primera vez en la historia de la humanidad, se generalizó el dar biberón a los bebés y ponerlos a dormir boca abajo (para así favorecer un sueño ininterrumpido) en una habitación alejada del alcance sensorial y de la supervisión de sus padres. No resultó muy adecuado para los bebés. La cultura cambió, pero los bebés seguían necesitando la leche materna y el contacto con su madre.

Junto con esta tendencia, surgió otro hecho alarmante: un número cada vez mayor de bebés no se despertaban. El síndrome de la muerte súbita del lactante (SMSL), para el que los científicos aún no tenían explicación alguna, fue aumentando. Aún hoy seguimos sin conocer las causas exactas de este síndrome, también conocido como «muerte en la cuna». Parecen existir varias causas que interactúan con algunos posibles factores del entorno, entre los que se incluyen el hecho de que la madre sea fumadora, no dar el pecho y poner al bebé a dormir boca abajo. La muerte súbita se diagnostica tras un completo informe toxicológico y un análisis post-mortem, cuando no se han encontrado otras causas de la muerte. Este síndrome continúa siendo, por tanto, un «diagnóstico por exclusión». Cuando la muerte súbita se definió como una entidad médica en 1963, la tasa de muertes por este trágico síndrome se situaba en 2-3 bebés por cada 1000 nacimientos de bebés vivos en las naciones occidentales. El SMSL emergió en nuestras sociedades junto con ciertas innovaciones en el cuidado de los niños que nunca antes se habían probado: la leche artificial o de vaca, poner a dormir a los bebés boca abajo, y desplazarlos a habitaciones individuales. Al añadirse a esto un incremento de madres fumadoras antes y después de sus embarazos, el SMSL se convirtió en una epidemia real.

Los investigadores saben ahora que colocar los bebés boca abajo es el principal factor de riesgo de la muerte súbita, junto con el hecho de que la madre fume antes o después del nacimiento de su bebé como segundo factor a corta distancia. De acuerdo con los datos, los bebés con lactancia artificial mueren debido al SMSL (o a otra anormalidad congénita o enfermedad) en número mayor que los bebés alimentados al pecho. Y sabemos que los bebés que no comparten habitación con sus padres, sino que duermen solos, tienen el doble de probabilidad de sucumbir a la muerte súbita, según estudios recientes en Gran Bretaña, Nueva Zelanda y otros países de Europa Occidental.

En muchas culturas asiáticas, donde son habituales el colecho y la lactancia, y además el porcentaje de madres fumadoras es bajo, la muerte súbita es un hecho extraño o incluso desconocido. La imagen de un bebé durmiendo solo en su propia habitación es exclusiva de los últimos cien años y de las sociedades occidentales industrializadas. El énfasis de nuestra cultura en la independencia, el individualismo y la autoconfianza ha conducido a la creencia de que los bebés deben dormir solos. Simplemente se aceptó, sin que ninguna evidencia evolutiva lo apoyara, que hacer que bebés y niños durmieran solos conduciría automáticamente a forjar adultos seguros, independientes y sin problemas de sueño. Estas suposiciones nos han hecho mucho daño, pero aún no es demasiado tarde para recuperar algo que en las culturas de todo el mundo se considera normal: el colecho.

EL COLECHO EN EL MUNDO

Para la inmensa mayoría de madres y bebés de nuestro planeta el colecho es, hoy en día, una práctica incuestionable. En parte de Europa, Asia, África y América Central y del Sur, madres y bebés comparten el sueño de forma rutinaria. En muchas culturas, el colecho es la norma hasta que los  niños se destetan, y algunos continúan mucho después. Los padres o abuelos japoneses a menudo duermen cerca de sus hijos hasta la adolescencia, y describen esta disposición como un río: la madre es una orilla, el padre otra, y el niño que duerme entre ellos es el agua. La mayor parte de las actuales culturas del mundo practican el colecho de formas diversas, y son muy pocas las que piensan que dejar al bebé dormir solo sea aceptable o deseable.

El colecho se lleva a cabo de maneras diferentes en distintas partes del mundo. En América Latina, Filipinas y Vietnam, algunos padres acuestan a sus bebés en una hamaca, junto a su cama. Otros colocan al bebé en la cama, en una cesta de mimbre, entre los dos padres. En Japón, muchos padres duermen junto a sus hijos en esteras de bambú o paja, o en futones. Algunos padres simplemente comparten la habitación dejando al bebé en una cuna o moisés al alcance de la mano. En la mayoría de culturas que suelen practicar el colecho, en cualquiera de sus formas, la muerte súbita (SMSL) ocurre en muy raras ocasiones. En Hong Kong, donde el colecho es muy común, el número de casos de SMSL está entre los más bajos del mundo.

El colecho es en realidad más habitual en Estados Unidos de lo que mucha gente piensa. El típico hogar americano dispone de una habitación con una cuna para el bebé, y los padres manifiestan que su hijo duerme en ella. Pero cuando los investigadores formulan preguntas específicas sobre dónde duerme cada miembro de la familia, resulta que la mayoría de madres duerme con su hijo buena parte de la noche. Los padres afirman que sus hijos que duermen solos, siguiendo la norma social de que el bebé ha de estar en su habitación y la pareja en el dormitorio principal, pero esta no es una representación exacta de la realidad. Los Centros para el Control de Enfermedades de Atlanta recogen datos que ofrecen información sobre todo tipo de indicadores prenatales y de bebés sanos. Gracias a ellos, sabemos que el colecho no es ni mucho menos algo inusual entre las familias americanas. Aproximadamente un 68 % de los bebés disfrutan del colecho al menos de vez en cuando. Un análisis posterior de los datos muestra que cerca del 26 % de los hijos practican el colecho «siempre» o «casi siempre». Combinando esto con los bebés que «algunas veces» duermen con sus padres, resulta que el 44 % de los bebés norteamericanos de 2 a 9 meses de edad duermen en la cama del adulto en algún momento.[11]

Japón, otro país industrializado, no solo tiene una de las tasas más bajas de mortalidad infantil (menos de 3 niños por cada 1000 nacidos vivos frente a los 7 de cada 1000 de Estados Unidos), sino también una tasa de SMSL de las menores del mundo (entre 0,2 y 0,3 bebés por cada 1000 nacidos vivos frente a los 0,5 de Estados Unidos). La Organización de Familia y SMSL en Japón informó que las tasas de muerte súbita continúan bajando en ese país a medida que el número de madres fumadoras se aproxima a 0, y que la lactancia exclusiva se sitúa en torno al 70-75 %. De hecho, un informe muestra que al aumentar el colecho y la lactancia y reducirse el número de madres fumadoras, la tasa de SMSL disminuye. Esto sugiere, de nuevo, que puede que lo peligroso no sea el colecho en sí, sino determinadas formas en que se practica.

Resulta interesante que, si bien las tasas de colecho en Japón no difieren mucho de las de Estados Unidos, la aceptación cultural del colecho como norma es muy diferente. En 1998, el 60 % de los padres afirmaban practicar el colecho en Japón, solo un 16 % más que los padres de Estados Unidos, lo que significa que esta práctica no sufre grandes variaciones entre culturas, sino que es la aceptación social del colecho lo que cambia.

CÓMO LO HACEN LOS ANIMALES

«Para especies como los primates, la madre es el entorno».
SARAH BLAFFER HRDY, 1999

Los mamíferos permanecen instintivamente cerca de sus pequeños. Los bebés no sobrevivirían sin el calor, el alimento, la protección y la nutrición psicológica que sus madres les proporcionan. Todos los mamíferos practican el colecho, de una manera u otra; el momento y la forma en que se pone en práctica, no obstante, varían en función de la adaptación ecológica general de la madre, incluida su relación con el macho de la especie, y sus propios requisitos de mantenimiento y nutrición.

Algunas madres, como las ballenas migratorias y los osos polares, ayunan mientras sus bebés son jóvenes y utilizan sus reservas de grasa corporal para sustentarse y producir leche. Otras, como los grandes felinos, comparten la tarea de cuidar a la prole y cazar para que la comunidad garantice el cumplimiento de estas dos tareas. Un número significativo de madres mamíferas esconden a sus hijos bajo arbustos rastreros, en lo alto de árboles, o en madrigueras, cuevas o guaridas, mientras buscan el alimento que necesitan para su sustento y para producir la leche

para sus crías. Estos mamíferos se conocen como «especies anidadas». Los bebés de las especies anidadas no lloran cuando se marchan sus madres, en parte porque, si lo hicieran, los depredadores podrían oírlos y localizarlos, pero sobre todo porque la leche de su madre es tan rica en grasa que, después de mamar, quedan satisfechos durante el tiempo que sus madres se ausentan. Por ejemplo, los cervatillos se ocultan en nidos bajo arbustos y permanecen solos por periodos de hasta 8–10 horas. La leche de los ciervos contiene un 19 % de grasa, lo que permite que las crías se sientan llenas hasta que regresa la madre. A continuación, los bebés vuelven a mamar y toda la familia, madre y hermanos, duerme junta en el nido.

A diferencia de las especies anidadas, los mamíferos primates, como los monos, simios y humanos, son conocidos por los científicos como «especies de porteo». Nuestra leche contiene más agua y azúcar, y entre un 10 % y un 20 % menos de grasa que la de las especies anidadas. La grasa es el nutriente del crecimiento y los mamíferos cuya leche contiene poca grasa crecen a un ritmo menor que aquellos que ingieren leche rica en grasa. Tras mamar, los mamíferos primates se sienten satisfechos solo durante 1 ó 2 horas, luego están preparados para comer de nuevo y saciar su hambre. Esta necesidad de mamar con frecuencia supone que los mamíferos primates, a diferencia de los bebés de las especies anidadas, deban permanecer siempre cerca de sus madres. Por lo tanto, en lugar de ocultarlos en algún lugar seguro, los bebés primates son cargados hasta al menos los 6–12 meses de edad, y por lo general hasta que son mucho mayores. Los bebés duermen en brazos de sus madres o colgados a sus espaldas, de manera que los hijos pasan a integrarse en casi todos los aspectos de la rutina diaria de las madres.

Este contacto físico constante garantiza el establecimiento de un vínculo tanto fisiológico como social entre madre e hijo, que permite que un recién nacido inmaduro desde el punto de vista neurológico se desarrolle y pueda funcionar con mayor eficacia. El contacto físico compensa el hecho de que los humanos recién nacidos no puedan tiritar para mantenerse calientes ni crear por sí mismos los anticuerpos que contiene la leche materna. La misma sensación de contacto estimula la liberación de endorfinas que ayudan a que su inmaduro intestino absorba las calorías necesarias para crecer. La psicóloga sobre el desarrollo Dra. Tiffany Field descubrió que los bebés humanos que recibían un masaje diario de quince minutos experimentaban un notable incremento del 47 % en la ganancia de peso diaria en comparación con aquellos que no lo recibían.[12]

Por tanto, para nosotros, como especies de porteo, el papel de los padres es especialmente significativo para favorecer el crecimiento. Cuando un bebé mono se separa de su madre, padece una pérdida de temperatura corporal, ritmo cardíaco irregular, altos niveles de estrés y, en casos extremos, una depresión clínica que puede conducirle a la muerte. Los bebés humanos, que son los primates más inmaduros a nivel neurológico y que se alimentan de una leche especialmente baja en grasa, dependen del contacto con un adulto. El antropólogo Ashley Montagu ha comparado los bebés humanos con las pequeñas crías de canguro que se desarrollan dentro del marsupio de su madre, completamente aisladas. Montagu recalca que nuestro insignificante volumen cerebral al nacer, solo un 25 % con respecto al de un adulto, es la causa de que no podamos agarrarnos al tórax de nuestra madre para facilitar el trasporte, como lo hacen monos y simios.[13] Todos nosotros nacemos «prematuros» en comparación con otras especies de mamíferos. Como ocurre con la cría de canguro, el sistema nervioso central del bebé humano depende de un microentorno similar al del útero materno del que proviene, un entorno lleno de intercambios sensoriales en que intervienen el calor, el sonido, el movimiento, el transporte, las sensaciones, el tacto, los olores y, por supuesto, el acceso a los nutrientes del pecho de la madre. Los bebés humanos no están diseñados ni preparados biológicamente para separarse de sus madres, ya que la separación puede equivaler a una sentencia de muerte.

EL COLECHO ES BUENO PARA LOS BEBÉS

Un bebé que duerme cerca de sus padres está tranquilo por los continuos recuerdos de la presencia de sus cuidadores, en forma de contacto, olor, movimiento, calor y gusto, gracias a la lactancia. Estas sensaciones le proporcionan seguridad emocional, y, si el recién nacido es alimentado al pecho, el flujo continuo de señales e indicadores (como los aromas de la leche de su madre) favorece una mayor lactancia e incrementa su nutrición. Si el bienestar del bebé

se ve amenazado, por ejemplo si se atraganta o lucha por quitarse una manta de su cara, la madre (si está atenta) podrá ayudarlo de manera inmediata. En este entorno de protección y nutrición, el bebé se beneficiará de una respuesta casi inmediata a todas sus necesidades.

Cuando no se satisfacen las necesidades de los bebés, en especial antes de que puedan verbalizarlas, lloran. El llanto evolucionó como una señal de alarma reservada para circunstancias críticas asociadas al dolor, hambre o miedo, y se usa para activar el comportamiento de recuperación de las madres. Hace años que se sabe que el llanto prolongado reduce la oxigenación e incrementa el ritmo cardíaco, lo que a su vez aumenta el cortisol, una hormona del estrés de la que ya hemos hablado.

Algunos estudios indican que los niveles elevados de cortisol durante la infancia pueden producir cambios físicos en el cerebro, apuntando a una mayor vulnerabilidad a los trastornos de apego social. Como mínimo, la energía perdida en el llanto podría utilizarse mejor para crecer o mantenerse.[14] Los bebés que duermen junto a sus padres son mucho menos propensos a caer dormidos llorando, e incluso a llorar en general, por lo que no segregan un exceso de esta hormona. Sin embargo, ahora se anima a muchos padres a utilizar las «técnicas del llanto controlado» para manejar a bebés y niños que no se calman solos, que se despiertan por la noche o que únicamente se tranquilizan si se toman en brazos o si se les permite dormir cerca o en contacto con los padres. La Asociación Australiana de Salud Mental Infantil está tan preocupada sobre el uso de estas técnicas que hizo pública la siguiente declaración: «...el llanto controlado no está en consonancia con lo que los bebés necesitan para su óptima salud emocional y psicológica, y puede tener consecuencias negativas imprevistas».[15]

Los bebés mantienen mejor el calor cuando duermen junto a sus madres, por lo que no es necesario usar mantas gruesas. A lo largo de la noche, madres e hijos intercambian experiencias sensoriales, como la temperatura del cuerpo, que sirven para regular el estado del bebé. Cuando el bebé recién nacido sale del útero materno, por ejemplo, puede experimentar la pérdida de hasta medio grado centígrado de su temperatura corporal, generalmente debido a la producción de hormonas de estrés. Esta caída de la temperatura puede reducir su inmunidad, haciendo que el bebé sea más susceptible a contraer enfermedades infecciosas, y le roba una energía que podría emplear en su crecimiento y desarrollo, para consumirla en la regulación de la temperatura. Un estudio observó que entre los bebés de 11 a 16 semanas de edad, aquellos que dormían solos tenían una temperatura media de la piel (medida en la axila) inferior a la de los bebés alimentados al pecho que dormían con sus madres.[16]

Los bebés que duermen junto a sus madres y toman pecho pasan menos tiempo en las fases de sueño profundo (fases tres y cuatro), desde las cuales resulta más difícil despertar rápidamente para interrumpir, por ejemplo, un peligroso episodio de apnea (dejar de respirar). En su lugar, el colecho hace que los bebés pasen más tiempo en las fases de sueño ligero (fases uno y dos). Se considera que el sueño ligero es psicológicamente más natural en niños pequeños, y que contribuye a un sueño seguro, ya que resulta más fácil despertarse para finalizar apneas que cuando los bebés se encuentran en fases de sueño profundo. La corta duración del sueño profundo gracias al colecho permite proteger potencialmente a aquellos bebés nacidos con dificultades para despertar, que parece una posible causa de la muerte súbita. Además, el colecho incrementa significativamente el número total de despertares nocturnos puesto que el bebé practica despertándose ante los contactos, movimientos y sonidos externos de su madre. Este aumento de despertares mejora su capacidad para salir del sueño, lo que puede resultar útil cuando el suministro de oxígeno cae tras una pausa en la respiración. El bebé no solo se mueve en relación con los movimientos de su madre, sino que el

43

Resulta irónico que los despertares frecuentes para una mejor oxigenación y el permanecer más tiempo en las fases del sueño ligero (efectos naturales de la lactancia y el colecho) parece que se pueden conseguir también mediante el uso de chupetes. Aquellos que en la Academia Americana de Pediatría se oponen al colecho, recomiendan a las madres el uso de chupetes como una posible forma de evitar la muerte súbita, como resultado de las ventajas indicadas anteriormente. ¿No sería mejor que estos mismos investigadores tuvieran tanta fe en lo que el propio cuerpo de la madre puede hacer como en estos falsos pezones?

cercano olor de la leche materna contribuye a que permanezca en un sueño ligero durante mayores períodos de tiempo.[17]

Tanto los bebés nacidos a término como los prematuros pueden beneficiarse significativamente de la presencia de sus padres, si bien, y como comentaré más adelante, no se recomienda que los bebés prematuros duerman en la misma cama que su madre debido a su mayor vulnerabilidad y pequeño tamaño. Aparte de la capacidad de los bebés para aprender a un ritmo superior dado el gran número de interacciones sociales y de los frecuentes patrones de comunicación que conlleva la proximidad y el mayor contacto, los estudios científicos muestran que cuando los bebés descansan sobre el pecho de su madre o padre, disfrutando de un contacto piel con piel directo, respiran de manera más regular, utilizan la energía más eficazmente, crecen más rápidamente y sufren menos estrés.[18] En varias investigaciones actuales, los doctores Sari Goldstein, Makhuaul y Helen Ball señalan que el contacto piel con piel, también conocido como método madre canguro, tiene como consecuencia altas hospitalarias más tempranas de bebés prematuros y menos episodios de apnea y bradicardia (periodos de bajo ritmo cardíaco).[19] Se sabe que el contacto materno actúa como un calmante en los recién nacidos, y que el contacto y porteo frecuentes les ayuda a recuperarse rápidamente de la fatiga propia del nacimiento.[20] El contacto facilita asimismo el agarre y la lactancia espontánea, lo que anima a la madre a incrementar el tiempo dedicado a dar el pecho en cada toma.[21] La duración del sueño es mayor entre los niños que experimentan el contacto piel con piel y, en general, parecen menos agitados, a la par que disfrutan de un ritmo cardíaco y unos patrones de respiración más estables, lo que contribuye a una mejor oxigenación general.[22]

También hay ventajas para las madres. El contacto piel con piel está asociado con un incremento significativo de los niveles de oxitocina materna (una hormona liberada durante la lactancia) según dos estudios suecos,[23] lo que significa una mejora tanto de la contracción uterina como de la eyección de la leche, para beneficio de la madre y del hijo. Finalmente, otro estudio asocia el contacto piel con piel con menores índices de ansiedad materna y una participación más eficaz de las madres en el cuidado de sus recién nacidos.[24]

Dejar llorar a un bebé hasta que se duerma es un consejo que se da a los padres con el objetivo de criar un hijo independiente, capaz de autoconsolarse y al que no le incomode la soledad. Las últimas investigaciones muestran que, en casos extremos, dejar llorar a un bebé sin ofrecerle ningún consuelo puede causar daños duraderos en su cerebro. El estado de angustia persistente en la infancia está relacionado con mayores índices de depresión y problemas emocionales en la vida futura. Muchos psicólogos infantiles creen ahora que los bebés saben lo que les conviene, y que los padres deben seguir su instinto, que les lleva a tratar de consolar a un bebé que llora.

Como una extensión del desarrollo de la experiencia piel con piel, compartir cama entre padres e hijos, si se practica de manera segura, puede ser una cálida y confortable experiencia de la que muchos padres disfrutan. Sin embargo, es mucho más que eso; es todo un proceso controlado biológicamente mediante el cual se regula la temperatura corporal del bebé y se favorece una respiración estable, en parte por los sonidos de la respiración de la madre y por la percepción que tiene el bebé de los movimientos rítmicos del pecho materno. Muchos estudios biológicos muestran que estas señales actúan como estímulos «ocultos» mediante los cuales las crías de otros mamíferos calculan cuándo deben volver a respirar.[25,26]

Incluso el dióxido de carbono (CO_2) que la madre expele no se malgasta durante el colecho; la cantidad de CO_2 que la madre expira al respirar actúa como un estímulo de la respiración del bebé.[27] El CO_2 expirado parece actuar como un medio de respaldo ante un fallo o lentitud del propio sistema interno de respiración del bebé, puesto que su nariz es capaz de detectar la presencia de este gas y respirar más rápidamente como respuesta.

El contacto entre padres e hijos aún tiene más ventajas. Durante el contacto piel con piel, el cuerpo del bebé estimula las células cerebrales precisas para conectarse con la otra persona. De alguna forma, puede decirse que el colecho nocturno amplía el microentorno que el bebé necesita y que durante el día fomenta sus diferentes habilidades sociales, comunicativas y emocionales, a la par que este se encuentra controlado

45

y protegido. Una madre es, por su puesto, mucho más que un proveedor de servicios; es toda una entidad alrededor de la cual fue diseñado el bebé humano, no solo mientras está despierto, sino también dormido.

El psicólogo inglés Donald Winnicott habló de la profunda dependencia del bebé para su supervivencia, cuando dijo: «No existe algo a lo que llamamos bebé, existe un bebé y alguien más». Cuando consideramos lo que los bebés necesitan o tratamos de explicar lo que pueden o no pueden hacer, **nada** tiene sentido excepto en su relación con el cuerpo de la madre.

POR QUÉ EL COLECHO ES IMPORTANTE PARA LA LACTANCIA

Para las madres que dan el pecho, el colecho puede hacer más llevaderas las interrupciones del sueño debido a las tomas nocturnas. El Comité de Lactancia de la Academia Americana de Pediatría recomienda que madres e hijos duerman cerca para facilitar la lactancia,[28] y, aunque el Grupo de Trabajo sobre Sueño Infantil y SMSL califica compartir la cama como «peligroso», al menos sí recomienda compartir habitación. Por vez primera en la historia americana, la ciencia pediátrica está de acuerdo en que se debe apoyar el colecho, en su variante de habitación com-

partida, no solo porque facilita la lactancia, sino porque si la madre duerme cerca de su hijo, se reducen las posibilidades del SMSL, tal y como revelan los datos actuales.[29] Aparte de esto, varios estudios muestran que las madres que dan el pecho y sus recién nacidos descansan más al dormir juntos.[30] Es mucho más fácil amamantar si se tiene el bebé al lado que si hay que levantarse, cruzar todo el pasillo e intentar calmar a un niño que solo quiere que su madre lo toque.

Las madres que comparten cama suelen referir que apenas se despiertan cuando su bebé tiene hambre, o que solo permanecen despiertas unos pocos minutos para colocar bien al bebé al pecho. Este se alimenta a voluntad y mamá continúa durmiendo, aunque con su consciencia puesta en lo que hace el bebé. Los bebés no tendrían que llorar para ser alimentados, según el Comité de Lactancia de la Academia Americana de Pediatría y otros expertos en lactancia, quienes afirman que «el llanto es un indicador tardío de hambre».[31] Por supuesto, la mejor forma, quizás la única, de saber si un bebé tiene hambre sin que llegue a llorar es estar lo suficientemente cerca para oír sus sonidos y notar que se está moviendo, una invitación no verbal para alimentarlo.

Recuerde que la composición de la leche humana crea un corto ciclo del hambre en los bebés, que necesitan ser alimentados a menudo. La antropóloga Carol Worthman de la Universidad de Emory observó la lactancia de las madres y bebés bosquimanos !Kung del Kalahari durante todo el día mientras recolectaban frutos y bayas. Descubrió que a lo largo del día los bebés, cargados por sus madres, tomaban leche materna cada 13 minutos y durante unos pocos minutos cada vez. Llevando a los bebés cerca, o mediante el uso de sacaleches en las sociedades occidentales, las madres pueden cubrir las necesidades nutricionales de sus hijos con más facilidad. De hecho, la investigación muestra que, por la noche, el intervalo medio entre tomas de las madres que habitualmente dan el pecho es de alrededor de una hora y media, que es la duración de un ciclo de sueño humano.[32] Estos datos sugieren la posibilidad de que las necesidades nutricionales de los bebés amamantados que duermen junto a sus madres haya determinado la duración media del ciclo de sueño en los adultos, y refuerza la idea de que una práctica adecuada del colecho, en especial cuando se combina con la lactancia nocturna, es innata y beneficiosa para el comportamiento humano desde un punto de vista clínico.

Nuestros amplios estudios de laboratorio, en que se filman madres e hijos mediante cámaras infrarrojas, revelan que los bebés amamantados que comparten cama con sus madres maman más a menudo y por períodos más largos que aquellos que, aunque también son amamantados, duermen en habitaciones separadas.[33] Un estudio a gran escala en que se comparó el aumento de peso en bebés con lactancia exclusiva, mixta y artificial, puso de manifiesto que, entre los bebés amamantados de forma exclusiva, la ganancia de peso mayor estaba asociada con una mayor frecuencia de tomas.[34]

Las tomas frecuentes también garantizan que el bebé recibe una mayor protección inmunológica. Cuanto más maman los bebés y más leche toman, más anticuerpos reciben, y en especial aquellos producidos específicamente por la madre para combatir las bacterias presentes en el propio entorno en que vive el bebé, y cualquier virus o bacteria a los que la madre y su hijo estén expuestos. Para los recién nacidos, que son especialmente vulnerables a las enfermedades debido a que su sistema inmunológico todavía es inmaduro, estos anticuerpos pueden proporcionar una protección vital frente a infecciones peligrosas y de rápida actuación, que podrían ser fatales.[35]

Así como nuestros estudios en Estados Unidos demuestran que el colecho conlleva un incremento significativo de tomas nocturnas en comparación con las madres e hijos que duermen en espacios separados, los estudios de la Dra. Ball en Durham, Gran Bretaña, revelan que la gran comodidad que proporciona el colecho aumenta el compromiso de las madres para continuar con la lactancia materna durante más meses, lo cual aumenta los beneficios para la salud de bebés y madres.[36]

Hasta hace relativamente poco no se disponía de datos científicos sobre el número de vidas salvadas por la lactancia materna en países industrializados. Pero incluso en un país como Estados Unidos, donde la mayoría de las enfermedades infecciosas están bajo control gracias a las estrictas prácticas sanitarias, un reciente estudio epidemiológico mostró que aproximadamente 720 bebés norteamericanos mueren cada año debido a enfermedades congénitas o infecciosas, o a complicaciones de otra enfermedad, por no ser amamantados.[37] Este fue el primer estudió que mostró que, incluso en una cultura occidental altamente industrializada como la de Estados Unidos, la lactancia materna salva vidas.

Además de mejorar la salud del bebé, la lactancia materna también proporciona ventajas emocionales y cognitivas. Por ejemplo, brinda la oportunidad de aprender y practicar señales comunicativas desde recién nacidos. El bebé le hará saber cuándo es hora de comer, y se sentirá gratificado por su respuesta inmediata. Quizá sea esta la razón por la que los bebés amamantados obtienen mayores puntuaciones en pruebas cognitivas y sobre su coeficiente intelectual. La leche materna no solo es el principal y mejor arquitecto del cerebro del bebé, sino que además los bebés alimentados con ella se muestran, en general, más felices y predispuestos a conectar con su entorno.[38]

Los estudios epidemiológicos, de laboratorio y de campo también revelan que, así como los bebés se benefician de las madres que los amamantan, la succión de los bebés es beneficiosa para la salud de la madre a corto y medio plazo, sobre todo si las tomas son frecuentes y se prolongan durante muchos meses. Por ejemplo, la lactancia ayuda a que el útero de la madre recupere el tamaño anterior al embarazo, le ayuda a retener hierro y retrasa el regreso de la ovulación, lo que aumenta el tiempo entre embarazos. Cuantos más cortos sean los intervalos entre tomas, más potente resultará este efecto contraceptivo y mejor será el estado de la madre. Más importante aún es que la lactancia contribuye a proteger a la madre frente a varios tipos de cánceres reproductivos, en especial el cáncer de mama. La Organización Mundial de la Salud, por ejemplo, patrocinó un estudio de 5.875 casos de cáncer de mama comparándolos con 8.216 controles (mujeres que no padecieron cáncer) y descubrió que a medida que aumentaba el número de meses de lactancia, disminuía la posibilidad de que una mujer contrajera cáncer de mama, en particular si había dado el pecho entre 15 y 40 meses a lo largo de su vida. En tal caso, solo tenía un 30–40 % de probabilidades de sufrir un cáncer de mama en comparación con una mujer que nunca hubiera amamantado o que lo hubiera hecho solo durante unos pocos meses.[39]

Otro estudio relevante describe un pueblo de pescadores de Hong Kong donde las madres que amamantan hacen algo que podemos considerar extraño: todas las mujeres del pueblo alimentan a sus hijos de un solo pecho. Esta circunstancia equivale a un experimento perfectamente controlado, puesto que ambos pechos han estado expuestos a los mismos factores ambientales y experiencias psicológicas, con una sola excepción: uno de los pechos se utilizó para dar de mamar, y el otro no. ¿Adivina qué pecho se libró del cáncer? ¡Sí! El pecho del que mamó el bebé parecía estar protegido.[40]

Ventajas del colecho para el bebé amamantado
(si se evitan los factores que podrían suponer un riesgo)

- Mayor producción de leche
La succión de los bebés alimentados durante la noche estimula la producción de leche materna, necesaria para una correcta nutrición.

- Tomas más frecuentes
Los estudios dicen que un número frecuente de tomas reduce la duración del llanto, lo que contribuye a preservar la energía del bebé y a que se despierte tranquilo.

- Tomas más largas
Las tomas largas garantizan que el bebé recibe cada día suficientes calorías para su adecuada nutrición y aumento de peso.

- Mayor duración de la lactancia
Gracias a la prolongación de la lactancia, los bebés reciben las ventajas inmunológicas y nutricionales que necesitan para un óptimo crecimiento y desarrollo.

- Incremento de la seguridad
Los bebés amamantados están bajo un control constante durante la noche y sus madres tienden a colocarlos boca arriba, en la posición recomendada para que no se obstruya ni la nariz ni la boca.

- Incremento de la duración del sueño infantil
Los bebés que duermen solos deben llorar lo bastante fuerte como para despertar a sus padres, que duermen en otra habitación. Al dormir juntos, los bebés disfrutan de mejores y mayores periodos de descanso.

- Disminución de los niveles de estrés
Cuando los bebés no han de llorar, y en consecuencia alterarse, para tener cubiertas sus necesidades, se mantienen más calmados y contentos.

- Regulación de la temperatura
Los bebés mantienen mejor el calor si duermen junto a sus madres. Estas pueden sentir la temperatura del bebé y responder poniendo otra manta, si parece que el bebé tiene frío, o quitándola, en caso contrario.

- Mayor sensibilidad a la comunicación con su madre
Las madres y bebés que duermen juntos ven cómo aumenta y mejora la sensibilidad a los olores, movimientos y contactos del otro.

**Ventajas del colecho para la madre que amamanta
(si se evitan los factores que podrían suponer un riesgo)**

- Mayor producción de leche
  La lactancia a demanda durante la noche ayuda a las madres a establecer y mantener su producción de leche.

- Mayor protección frente al cáncer de mama y otros cánceres reproductivos
  El colecho aumenta tanto la frecuencia como la duración de la lactancia en varios meses y, con ello, los efectos protectores de la lactancia prolongada frente al cáncer.

- Pérdida más rápida del exceso de peso ganado en el embarazo

- Mejora en el apego y en la realización como padres
  El tiempo adicional que pasan las madres junto a sus hijos por la noche, en especial si trabajan fuera de casa, mejora el apego y ayuda a la madre a sentirse satisfecha con su nuevo rol.

- Mayor tranquilidad sobre la seguridad del bebé
  Las madres que amamantan y duermen habitualmente con sus hijos tienden a colocarlos boca arriba y adoptan una posición que impide que el bebé quede cubierto por almohadas o colchas.

- Incremento de la duración del sueño de la madre
  Los estudios han demostrado que las madres que practican el colecho duermen más y evalúan su sueño más positivamente que las madres que duermen separadas de sus hijos.

- Disminución de los niveles de estrés
  El contacto con el pezón que se produce durante las tomas nocturnas incrementa la producción de oxitocina de la madre, una hormona que favorece una sensación de calma y bienestar.

- Mayor sensibilidad a la comunicación con el bebé
  Las madres pueden responder rápidamente si el bebé desea mamar, reduciendo así su preocupación por satisfacer las necesidades del niño.

POR QUÉ EL COLECHO ES IMPORTANTE PARA LA LACTANCIA ARTIFICIAL

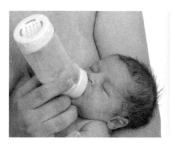

Aunque la lactancia materna es lo mejor, no todas las madres deciden dar el pecho o tienen la posibilidad de hacerlo. Sin embargo, todos los bebés, sea cual sea la alimentación que reciban, se benefician emocional y psicológicamente al sentir, conocer y reaccionar al contacto o la proximidad de sus padres. Asimismo, los padres se benefician al estar cerca de sus hijos. Varios estudios muestran que tanto el apego y la sensibilidad maternal como el vínculo emocional mejoran cuanto más se toma en brazos o se portea al bebé. Entre los grupos de madres y bebés de alto riesgo, un mayor contacto supone reducir la probabilidad de que en el futuro el niño padezca abusos o sea abandonado, en especial entre los menos favorecidos en el aspecto socioeconómico.[41, 42, 43]

Dicho esto, una de las razones por las que me preocupa más la seguridad de los bebés alimentados con lactancia artificial es que todos aquellos que hemos estudiado los patrones de sueño comparando lactancias naturales y artificiales hemos observado que las madres que amamantan y sus bebés tienden a dormir de cara, en mayor medida que las que dan el biberón. Las madres flexionan sus rodillas por debajo de sus hijos y yacen de costado, lo que parece estar relacionado tanto con la postura natural para amamantar como con los patrones de comunicación propios de un contexto de lactancia y colecho. En Gran Bretaña, la Dra. Helen Ball, que dirige el Centro de Sueño de Padres de la Universidad de Durham (www.dur.ac.uk/sleep.lab), estudió las diferencias entre los bebés alimentados al pecho y con biberón, y observó que las madres que dan el pecho y duermen con sus hijos suelen despertarse más rápidamente ante los movimientos de este, en comparación con las madres de niños alimentados con biberón que duermen con ellos, lo que sugiere que puede haber una mayor sensibilidad mutua condicionada que podría influir en la seguridad del colecho.[44] En consecuencia, y si bien el contacto piel con piel puede darse durante períodos en que el niño esté despierto por la noche, quizá sea más adecuado para la mayoría de familias que dan el biberón colocar al niño en una superficie diferente, cerca de los padres, en lugar de compartir la misma cama; aunque, como siempre, son los padres quienes deben juzgar exactamente su grado de sensibilidad y respuesta ante el bebé. La motivación e intención de la madre siempre cuentan, pero es importante no compartir la cama si no es factible mantener las condiciones correctas.

La buena noticia es que, si no resulta posible mantener la seguridad al compartir cama durante la noche (por ejemplo, si la cama es demasiado pequeña, o si otros niños mayores pueden acudir inesperadamente), existen otras formas de facilitar un contacto corporal seguro entre madre e hijo que también mejoran el apego y, por tanto, la salud y felicidad de madres e hijos. Por ejemplo, el equipo de investigación de Anisfield exploró, entre madres con bajos ingresos, los efectos del incremento del contacto físico que producía el uso habitual de un portabebés respecto a la relación entre madre e hijo. Descubrieron que esta «intervención experimental», consistente en proporcionar portabebés a las madres, aumentaba significativamente la respuesta de la madre a las vocalizaciones de sus hijos cuando estos tenían tres meses y medio, y que además contribuía al establecimiento de un apego seguro a los 13 meses. Esta investigación mostró que aumentar la cercanía con el bebé había hecho posible que las madres más estresadas aprendieran a responder adecuadamente a las necesidades de sus bebés y a disfrutar de ellos mientras lo hacían.[45]

Es indudable que tanto los bebés alimentados al pecho como los que toman biberón responden de forma positiva al sonido, movimiento, contacto y respiración de sus madres, y que su presencia los tranquiliza e influye psicológicamente. Cuanto más tiempo están juntos madre y bebé, mejor es la interpretación y respuesta de uno a las señales del otro, y la comunicación se refuerza. Este hecho tiene especial relevancia en bebés alimentados con biberón, que pueden perderse parte del intenso vínculo que tiene lugar durante la lactancia materna. Sin duda, el bebé criado con biberón duerme de forma más segura cuando mamá y papá están cerca (aunque en camas diferentes), puesto que la proximidad permite a un padre atento responder ante situaciones de peligro, por ejemplo, si el bebé se cubre la cabeza o duerme boca abajo. Los padres siempre pueden venir al rescate si están cerca.

Ventajas del colecho en superficies separadas para bebés alimentados con biberón y sus padres

- Mejor entorno de sueño
  Los bebés que duermen con sus padres tienen más confianza en que sus necesidades se cubrirán de manera casi inmediata, ya que los padres y madres que están junto a ellos son capaces de responder rápidamente si el niño llora, se atraganta, necesita que le limpien las vías nasales, tiene frío o calor, o simplemente quiere que lo tomen en brazos.

- Tranquilidad emocional
  Al dormir junto a sus madres y padres, los bebés reciben su contacto, calor y protección. Para aquellos padres que trabajan fuera de casa, el dormir en camas próximas puede convertirse en una maravillosa oportunidad para recuperar el tiempo perdido y reconectar con el bebé.

- Seguridad
  Según el grado de deseo de la madre de dormir en contacto con su hijo, y de su capacidad o habilidad para mantener un entorno de colecho seguro, el dormir uno junto a otro en superficies diferentes y compartir la habitación (en lugar de la misma cama) puede resultar la forma más segura y reconfortante de dormir para la madre y el bebé alimentado con biberón.

- Menor estrés
  La presencia del adulto puede ser extremadamente reconfortante si el bebé está enfermo o irritable, y la capacidad de aquel para controlar de forma inmediata el estado del bebé es una garantía de tranquilidad a lo largo de la noche.

- Más sueño
  Los bebés que duermen en superficies separadas junto a sus padres lloran menos y duermen más. Si está junto a su bebé, podrá satisfacer sus demandas sin tener que salir de la cama y acudir hasta su cuna.

CÓMO BENEFICIA EL COLECHO A PADRES Y MADRES

En la actualidad existen diferentes estudios[46, 47, 48] que analizan por qué los padres eligen el colecho en la variante de compartir la misma cama. Al parecer, hay muchas razones, aunque la que se indica como principal es que «todos duermen más». Esta respuesta está relacionada con las otras dos razones principales: porque la lactancia resulta mucho más fácil para las madres que comparten cama, y porque «siento que es lo correcto». Una encuesta multicultural a más de 200 familias en Estados Unidos, Gran Bretaña, Francia, Canadá, Australia y Nueva Zelanda reveló que en las respuestas de las familias que practican el colecho aparecen el miedo a no poder salvar al bebé en un terremoto o incendio, la muerte súbita, la aparición repentina de una enfermedad grave o fiebre, e incluso la preocupación porque el bebé esté solo. «Tranquilidad», «comodidad», «amor» y «protección» son las palabras que más se repiten cuando los padres explican qué significa el colecho para ellos. «Trabajo en una oficina todo el día, y el colecho es una forma de reconexión», dijo una madre.

También existen algunas razones para el colecho en las que uno nunca hubiera pensado, como que el hijo o alguno de los padres sea ciego o sordo. Una madre ciega de nacimiento afirmó: «¿Cómo hubiera podido criar a mi bebé si no lo hubiera tenido arrimado junto a mí? Esto me

permitió realizarme completamente como madre y que mi hijo se preocupara menos de mi minusvalía. Y, por supuesto, gracias a la alegría que él demostraba al estar junto a mí, a veces me olvidaba de que, de hecho, era ciega». Y la madre de un niño sordo y ciego manifestó: «Siempre me sentí un poco extraña porque (mi hijo) estuviera en la oscuridad y tampoco pudiera oír, hasta que abandoné las ideas preconcebidas sobre que dormir con los niños en la misma cama era malo, y las noches fueron mucho más tranquilas».[49]

La madre de dos niños sordos participó en el estudio y escribió: «Tengo dos niños sordos de 5 y 8 años. Ambos dormían con nosotros hasta el año pasado. Empezamos por accidente a compartir la cama al descubrir que darles el pecho era mucho más cómodo. Cuando supimos que el mayor era sordo, nos alegró haber tomado esa decisión. Puesto que no podían oír durante la noche, los niños se sentían mucho más cómodos al estar nosotros cerca». Por último, una madre escribió: «Los padres de mi madre eran sordomudos y el doctor insistió en que durmieran con sus hijos. Mi abuela los colocaba en la parte superior de la cama sobre una almohada y dormía con una mano sobre ellos toda la noche».

Algunas familias no pueden permitirse una cuna, por lo que hay madres que no tienen otra alternativa que dormir con sus hijos en la misma superficie. Ver al bebé cada vez que despiertas, observar cómo su pecho sube y baja acompasando la respiración, escuchar incluso el más ligero de sus suspiros o sonidos casi imperceptibles, taparlo si se quita la manta de una patada, dejar que su mano agarre tu dedo; todas estas acciones conmueven a los nuevos padres y les ayudan a apreciar la pequeña vida que hay junto a ellos.

La tranquilidad es importante, pero las ventajas para mamá y papá no terminan aquí (siempre que el colecho sea una opción elegida y se practique de forma segura, por supuesto). El estudio de Helen Ball sobre padres que duermen con sus hijos en Inglaterra, el único estudio existente de esta clase, halló que al principio los varones de la muestra estaban poco dispuestos a compartir la cama, pero que terminaron por considerar la experiencia en general «más agradable que perjudicial». Sugiere que el contacto íntimo del padre con el bebé en la cama le ayuda a desarrollar, si así lo desea, una intensa relación social con sus hijos que, de otra forma, el período de lactancia retrasaría. La Dra. Ball también sugiere que «la disposición del colecho en tríadas puede servir para mejorar este efecto, y proporciona a los padres que están motivados la oportunidad de experimentar un contacto íntimo y una interacción cercana y prolongada con su bebé».[50]

¿POR QUÉ LA GENTE DICE QUE ES PELIGROSO?

«Aquí hablamos de dos criterios: mientras que cualquier muerte catastrófica por compartir la cama supone para algunas autoridades médicas una razón válida para denunciar y argumentar contra el colecho, cada una de las miles y miles de muertes por el SMSL en la cuna representa un "trágico problema por resolver" en lugar de una "práctica que hay que eliminar"».
JAMES J. McKENNA, Radio Nacional Pública (septiembre de 2005)

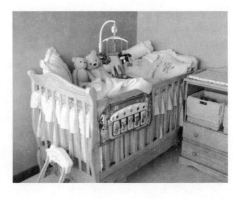

El lugar donde duermen los bebés se ha convertido en objeto de controversia en la comunidad médica. En las sociedades industrializadas occidentales, el colecho nunca se había tratado, ya que era un aspecto sobre el que no parecía posible entrar en discusión. Las ideas sobre la «necesidad» de que el bebé durmiera solo surgieron casi al mismo tiempo que el énfasis en la supuesta superioridad del biberón frente a la lactancia materna. Ambas ideas se fusionaron en una sola para la medicina estándar y, varias décadas después, la medicina empezó a estudiar sistemáticamente solo a los bebés alimentados con biberón y que dormían sin compañía, algo que es característico de los niños de las sociedades industrializadas occidentales. Estos prejuicios existen desde hace mucho tiempo en la comunidad médica, y permiten que quienes se escudan tras los titulares negativos argumenten contra el colecho sin preocuparse por explicar todos los factores que influyen en la mortalidad infantil y que son necesarios para entenderla por completo.[51]

Los modelos médicos de principios del siglo XX sobre «el sueño de un niño normal y sano» destacaban la importancia de minimizar el contacto nocturno entre los padres y sus bebés e hijos. Estas ideas evolucionaron rápidamente, pasándose a creer que el sueño solitario mejoraría la relación de pareja, que ayudaría al niño a ser independiente, que cualquier forma de colecho resultaría perjudicial psicológicamente, o incluso peligrosa, y que le impediría convertirse en un individuo competente.

Las indicaciones sobre por qué los niños debían dormir solos parecían tener que ver más con crear un buen carácter moral (definido como ser un adulto autosuficiente) que con ayudar a crear un niño física y psicológicamente sano. El hecho de que los niños durmieran con los padres era algo criticado, ignorado por completo como posibilidad, o considerado como perverso o extraño.[52] Si pensamos que las madres del *baby boom* escuchaban al renombrado y respetado Dr. Spock, un pediatra que escribió la guía canónica sobre crianza de los años 1950, podremos captar la ironía de los consejos del Dr. Spock sobre el sueño infantil en solitario: supuestamente, los niños que dormían solos se convertirían en adultos con «buenas prácticas e higiene del sueño», pero en la realidad esta ha sido la generación con más falta de sueño de las que se tiene conocimiento. Aunque a muchos de nosotros se nos enseñó de niños a dormir solos de acuerdo con este consejo, cada vez hay más adultos americanos que duermen menos de seis horas por noche (la media es 6,8 horas), y el 75 % tiene dificultades para conciliar o mantener el sueño, en especial las mujeres. Si hay alguna relación entre las experiencias tempranas del sueño infantil en soledad y el sueño de adulto, esto no tiene buena pinta, y parece ser que está ocurriendo lo contrario de lo prometido.[53]

> *"Quizá la veneración por dormir sin interrupciones es otro prejuicio determinado por la cultura, que se hace pasar por ciencia".*
>
> JOHN SEABROOK, *The New Yorker* (octubre de 1999)

La historia ofrece, pues, una posible explicación de por qué los occidentales dormimos tan mal. Pero, además, también ayuda a comprender por qué el colecho o la cama compartida (términos que a menudo se usan incorrectamente, como si fueran intercambiables) se presentan tan fácilmente en la vida pública como si se tratase de algo peligroso, y por qué la gente está tan predispuesta a dejarse convencer de que estas prácticas son potencialmente mortales, sin conocer en detalle cómo murieron en realidad los bebés que compartían cama con sus padres. Una razón por la que el colecho se muestra como algo tan peligroso en la redacción de las noticias públicas es que, cuando se divulga la muerte de un bebé mientras dormía en la cama de sus padres, muy raramente se menciona el contexto. Jamás se mencionan detalles como si el padre había bebido previamente, si la madre del niño fumó durante su embarazo o si había otros niños durmiendo con el bebé en la cama. Es como si estos factores no importasen, cuando de hecho es muy probable que expliquen la forma y causa de la muerte del bebé. También se suelen omitir otros factores relevantes que podrían aclarar esas muertes, en beneficio de representaciones sensacionalistas, como afirmar que «el colecho ha matado a otro bebé», sin proporcionar más detalles o sin darles importancia frente al acto del colecho en sí.

Con frecuencia, al hablar de colecho sólo se presentan a los padres los «problemas inevitables» que pueden surgir. A diferencia de los problemas asociados con poner a dormir a un bebé solo y de los esfuerzos realizados para solucionar los aspectos de seguridad de los niños que duermen en cunas, se considera que cualquier posible problema asociado al colecho, o bien es imposible de resolver, o no merece la pena esforzarse en ello. **Esto son juicios sociales, no ciencia.** En los libros y artículos de revistas que adoptan una postura negativa sobre las diferentes formas del colecho, la muerte de cada niño se utiliza como una «prueba» del peligro de compartir la cama, y se condena la práctica en su totalidad. Sin embargo, aunque hay miles de niños que han muerto en cunas, ello NO se usa como prueba de que es necesario suprimir las cunas. Puesto que se omiten las causas reales de casi todas las muertes por colecho de las que se informa públicamente, resulta fácil entender que un gran número de ciudadanos no se dé cuenta de que esta «prueba» no es más que un prejuicio propio del autor del libro o del artículo, y que no es una prueba científica apropiada de que el colecho sea peligroso siempre y no pueda practicarse de forma segura.

Otra razón por la que tantos occidentales critican el colecho es que durante décadas, y sin disponer de ningún tipo de datos, los psicólogos (que ahora respaldan el colecho ampliamente) advirtieron a las familias de que el colecho producía problemas de pareja y llevaba al divorcio, una idea que desde entonces ha sido refutada por completo. También se creía que el colecho provocaba celos entre hermanos, lo que, si bien es posible, parece ser solo una de las muchas causas de los celos. Sin tener en cuenta si unos padres en particular consideran el colecho como un buen o mal hábito, o los valores que su práctica representa para la familia, se les avisa de que el colecho crea un «mal hábito que es difícil de romper». Además, se dice que el colecho confunde emocional y sexualmente al bebé o niño, y que induce a la sobreestimulación. Sin embargo, jamás se han ofrecido pruebas sobre cómo, cuándo y bajo qué circunstancias esto es cierto. De hecho, la mayoría de dichas opiniones han sido refutadas por estudios publicados en los últimos quince años. Incluso Richard Ferber, el gurú del sueño infantil en solitario, ha lamenta-

> *«El reciente aviso de nuestro gobierno de que resulta inseguro poner a los bebés o niños pequeños en la cama junto a sus padres ha ido demasiado lejos… Debe ser rebatido, puesto que carece de base científica. Esta mala ciencia solo trata de establecer un objetivo y, sin mirar ni a izquierda ni a derecha sino solo en línea recta, busca algún dato que apoye el objetivo que se ha fijado. Y, cuando lo encuentra, se agarra a él como un clavo ardiendo, sometiéndolo a escasas o nulas pruebas».*
>
> K. Vonnegut, *The Boston Globe* (24 de octubre de 1999)

do sus propias afirmaciones sobre que el colecho reflejaba patologías maternas o causaba «confusión y ansiedad» en los niños.[54]

Por desgracia, muchos grupos médicos occidentales han optado por lo que, como muchos pensamos, es una solución equivocada a la controversia sobre el colecho. Muchas autoridades médicas deciden no revelar los detalles de las muertes por colecho, puesto que creen que el público necesita «un mensaje negativo único: nunca se debe practicar».[55] Pero un mensaje tan básico desfigura la naturaleza y la calidad de la relación madre e hijo, ya que simplifica en extremo un fenómeno complejo y altamente variable. Los mensajes negativos simplistas no tienen en cuenta otras posturas alternativas válidas del público y de otros profesionales, ni siquiera cuando van acompañadas de datos sólidos y puntos de vista científicos que refutan la validez y la exactitud de estos mensajes tan «simples». Estas políticas subestiman la capacidad de los padres de tomar sus propias decisiones y de crear un entorno para el colecho que resulte seguro para su bebé, a la vez que les niega la oportunidad de estar completamente informados, lo que les impide decidir qué es lo mejor para sus familias. Estas decisiones pertenecen **solo** a los padres, y no a las «autoridades» externas.[56]

La capacidad de sentirse cómodo y bien informado sobre la opción del colecho requiere, por tanto, una pequeña dosis de educación adicional, y también, posiblemente, que reflexionemos desde nuevos puntos de vista sobre las ideas que emergen de trágicos ejemplos aislados en que se ha practicado colecho de una forma poco segura, o de estudios epidemiológicos incompletos y mal planteados. Resulta muy útil aprender a responder a la información negativa de la prensa o el telediario, a la condena pública del colecho por parte de las autoridades, a los jueces de primera instancia y otros servicios públicos, o a los desalentadores comentarios de otros padres.

Entre los factores críticos adicionales que deberían incluirse en toda investigación cuando se produce una muerte por colecho se encuentran aspectos como si el bebé fallecido dormía boca abajo, si había otros niños durmiendo en la cama junto a él, si la madre fumó durante el embarazo, si los padres sabían cómo eliminar los huecos y espacios entre el colchón y el armazón de la cama u otros muebles, o si el bebé recibía lactancia exclusiva, mixta o artificial. Estos son algunos ejemplos de factores de riesgo independientes del SMSL y que tendríamos que tener en cuenta cada vez que leemos algo sobre las muertes «causadas por el colecho», porque muy probablemente son las razones reales que explicarían el fallecimiento de los bebés.

Las «advertencias» públicas sobre el colecho suelen utilizar este término de forma indiscriminada, como una categoría común que engloba a los bebés que murieron en sofás, canapés, butacas o sillones reclinables, como si todas estas formas de colecho (que se sabe que son peligrosas) no entrañaran más riesgo que el colecho en un entorno seguro, con una madre no fumadora y que da el pecho.

Ningún científico que en alguna ocasión haya estudiado el colecho, ya sea en casa o en el laboratorio, o la fisiología y el comportamiento asociado que supone compartir cama, ha hecho jamás una recomendación contraria a esta práctica. En el mundo científico, los únicos que no recomiendan el colecho son aquellos investigadores que analizan los resultados de estudios epidemiológicos muy amplios que no tienen en cuenta la importancia de las diferencias familiares individuales. Estos científicos

> «*"Solo intentaba ser una madre cariñosa": La muerte de un bebé en la cama de sus padres desata el debate sobre las prácticas para un sueño seguro. Los expertos están divididos*».
>
> Tim Evans, *Indy Star* (7 de febrero de 2006)

carecen de experiencia directa en el estudio del mismo fenómeno que afirman conocer, y se apartan mucho de lo que se supone que es la «medicina basada en la evidencia». Los valores, las motivaciones, el consenso científico y el respeto por la variabilidad son igualmente importantes a la hora de formular recomendaciones de salud públicas, y no solo las estadísticas de población derivadas de grandes estudios epidemiológicos.

Cuando un bebé muere en una cuna, toda la atención se centra en los detalles sobre la forma en que falleció, por ejemplo si dormía boca abajo o boca arriba, en la posición que se considera segura. Si el bebé dormía boca abajo en la cuna, lo más probable es que se diga que el bebé murió de SMSL debido a dicha postura. Sin embargo, si ese mismo bebé hubiera muerto durmiendo boca abajo en la cama de un adulto, la causa de la muerte se atribuiría al colecho, en lugar de al síndrome de muerte súbita por dormir en una postura de riesgo. Es muy probable que el juicio preliminar dictaminara que el bebé murió asfixiado, o que simplemente la causa no podía determinarse.

En caso de que se haya compartido la cama, existe una alta posibilidad de que ni siquiera se contemple el SMSL como causa de la muerte por el simple hecho de que el bebé falleció al dormir con un adulto, aunque no se sepa en qué condiciones se estaba practicando el colecho. Se dará por sentado que murió por asfixia, no por muerte súbita. En el estado de Indiana, donde yo vivo, se supone que si un bebé que comparte cama aparece muerto, ha sido por asfixia. Lo mismo ocurre en Ohio, como me explicó un colega que trabaja en la oficina forense del estado. En muchas zonas de Estados Unidos cada vez es mayor la tendencia a realizar diagnósticos basados en la ideología. Por desgracia, se le está dando más peso a la ideología que postula que el colecho siempre es mortal que a los estudios post-mortem rigurosos y a la observación del escenario donde se produjo la muerte. A su vez, estos juicios basados en la ideología ofrecen nueva evidencia estadística para apoyar la suposición de que el colecho es perjudicial.

El miedo a asfixiar a un bebé con el que se duerme es real, pero se ha exagerado mucho. Los datos del estudio Muertes Súbitas Inesperadas en la Infancia, el mayor estudio realizado hasta la fecha, mostraron que el riesgo de SMSL de los niños que comparten habitación con un progenitor era aproximadamente la mitad que el de los niños que duermen solos. *En otras palabras, poner a dormir a un bebé en una habitación separada (en lugar de la habitación donde duermen los padres) doblaba el riesgo de SMSL.*[57] En un informe que describe rigurosamente cómo murieron 60 bebés australianos de muerte súbita inesperada, el patólogo forense Dr. Roger Byard hace el siguiente comentario: «La falta de supervisión en el momento de la asfixia fatal fue algo característico de todos los casos en que se disponía de historial».[58]

En lugar de sugerir a los padres que no compartan cama con sus hijos, las autoridades sanitarias públicas deberían concentrarse en ofrecer información sobre cómo maximizar la seguridad del colecho, incluyendo las condiciones sociales y estructurales que pueden hacerlo inseguro. Resulta desafortunado que ciertas instituciones médicas, hospitales y agencias sanitarias públicas parezcan poco dispuestas a diferenciar el acto del colecho (incluyendo compartir cama) y las condiciones en que se practica. Esta poca disposición a distinguir las condiciones seguras de las inseguras sugiere que las autoridades sanitarias no aprecian u optan por no reconocer el papel legítimo y especial que desempeñan las madres en la protección de sus hijos al dormir junto a ellos, o creen que las madres no tienen ni el derecho ni la capacidad de hacerlo.

Si decide dormir con su bebé, sin duda se encontrará con muchos padres, profesionales médicos y titulares en las noticias que tratarán de convencerla de que no está haciendo lo mejor para su hijo. Resulta sensato recordar que, por encima de todo, **el único poder que estos grupos o individuos ejercen sobre usted es el que** *decida otorgarles.* En la medida en que la decisión que tome sea una decisión informada, puede estar segura de que será la correcta para usted y su hijo.

SEGUNDA PARTE:

CÓMO DORMIR CON EL BEBÉ

CÓMO DORMIR DE FORMA SEGURA CON SU BEBÉ

ada familia tiene sus propios objetivos, necesidades y filosofías. Aunque sugiero que todas las familias deberían poner a dormir a sus hijos en la misma habitación que los padres al menos durante los seis primeros meses, no considero que todas las familias deban compartir cama. Si siente que

desea el calor, la seguridad, la paz y el apego que aporta el colecho, entonces es importante que prepare con atención el entorno necesario para ponerlo en práctica.

Empecemos por lo básico. Creo que es adecuado que ambos padres que comparten cama con su hijo asuman la responsabilidad, mientras duermen, de que el bebé está con ellos. Igual que esas pegatinas para coches que dicen «Bebé a bordo», antes de echarse en la cama donde duerme el bebé piense «Bebé en la cama». Usted es responsable de saber dónde se encuentra el bebé y de responder a esa presencia. El hecho de responder es una decisión consciente. De la misma forma que decide no caerse de la cama o levantarse temprano para no perder un avión, dormir con un bebé es más que un acto físico; es un acto mental exigible a ambos padres, aunque uno responderá a las necesidades del bebé con más frecuencia que el otro.

Acueste siempre al bebé boca arriba, la postura natural para todos los bebés amamantados y que duermen junto a sus padres. Los investigadores han descubierto que los bebés tienen un **riesgo mucho menor** de sucumbir al SMSL si duermen boca arriba en un colchón firme, con las sábanas bien ajustadas, sin almohadas, mantas o peluches que puedan obstruir su cara, y en un entorno libre de humo.

Si la madre fumó durante el embarazo o fuma ahora, no debería compartir la cama, pero puede colocar al bebé en una superficie separada para que duerma junto a ella. Si el padre fuma, sería mejor que el bebé durmiera al lado de la cama, pero no en ella. Como se comentará en el siguiente capítulo, un estudio epidemiológico de Peter Fleming detectó que compartir cama con un padre fumador eleva los riesgos hasta un nivel problemático.[59]

Si compartirá cama con el bebé habitualmente, lo ideal es separar la cama de las paredes y del mobiliario que la rodea, llevarla al centro de la habitación, desmontar la estructura de metal o madera y colocar el somier en el suelo con el colchón encima. Como indican las estadísticas, el principal riesgo de que el niño duerma en una cama con un adulto no es, como muchos supondrían, que el adulto lo aplaste o se coloque encima, sino que el bebé se ahogue o quede encajado o atrapado entre el colchón y la pared o un mueble, por ejemplo una mesita de noche, o entre la estructura, cabezal o pie de la cama y el colchón (consulte «Consecuencias de compartir la cama de forma insegura»).

Si no le resulta posible o no desea mover la cama y colocarla en el centro de la habitación, por lo menos busque huecos y agujeros alrededor del colchón, e inspeccione los muebles y otros objetos que rodeen el colchón. Asegúrese de que no hay ningún mueble demasiado cerca del colchón, y de que el colchón está firmemente apretado al cabezal, pie y estructura de la cama. Piense que, si su bebé encuentra un hueco, puede caer en él.

Si comparte la cama y da el pecho, recuerde bajar un poco el termostato, ya que su propio cuerpo le dará calor al bebé. El calor excesivo incrementa el riesgo del SMSL. Utilice almohadas duras y rectas, y manténgalas alejadas de la cara del bebé. Es mejor usar mantas ligeras y un pijamita.

Es necesario actuar de forma cautelosa si alguno de los adultos es obeso. El exceso de peso puede hundir el colchón o crear un espacio en el que puede caer el bebé mientras duerme. Un colchón especialmente rígido permite compensar esta situación. No existe una regla directa e inflexible sobre la obesidad de los padres y el colecho que pueda justificarse empíricamente, excepto si no hay lactancia materna y existen o predominan otros factores de riesgo, en cuyo caso no se recomienda compartir la cama con el bebé. Estas familias pueden practicar el colecho situando al bebé en una superficie próxima a la cama, en lugar de la propia cama. Un estudio sobre la relación entre obesidad y colecho (en un sofá, un entorno peligroso para el colecho) muestra un altísimo riesgo si se combina el colecho en el sofá y la obesidad, aunque los datos documentan varios factores de riesgo independientes, y no solo uno.[60]

No utilice nunca edredones o mantas gruesas que puedan caer sobre la cara o la nariz del bebé y cubrirlas, y asegúrese de que no suben a la cama otros niños cuando su bebé está durmiendo en ella.

No crea que colocar el colchón pegado a la pared es seguro, puesto que algunos bebés han quedado encajados y se han asfixiado **al no darse cuenta los padres de que la cama se había separado de la pared lo suficiente como para dejar un espacio en el que el bebé podía caer y asfixiarse.** Si usted o su pareja sienten que hay poco espacio en la cama, o si esta es de menos de 135 cm, entonces quizá sea mejor no dormir con el bebé. Debe haber el suficiente espacio para separarse el uno del otro.

Algunos colchones plegables parecen no ser lo bastante planos o rígidos para proporcionar la máxima protección, por lo que debe evitar dormir con el bebé en ellos. Por otro lado, no comparta nunca una cama de agua con su hijo.

Y una cosa más. Cuando ponga su bebé a dormir la siesta, utilice un intercomunicador adicional de forma contraria a la habitual: deje el altavoz en la habitación en que duerme el bebé para que escuche los sonidos y ruidos de la parte activa de la casa. Esto le proporcionará un ruido de fondo ante el que el bebé puede responder, calmarse en cada despertar y dormir de una forma que es más natural para su cuerpo. Recuerde que al menos 100 años de ciencia sobre el desarrollo infantil nos dicen que los bebés reaccionan de forma mucho más saludable al sonido que al silencio, en especial si los sonidos son humanos. Las voces tranquilizan a los bebés y representan una «fuerza vital» frente a la que la biología y psicología del bebé pueden responder. Darle la vuelta al altavoz para que el bebé oiga esos sonidos es un gesto activo y protector que puede proporcionar muchas de las ventajas biológicas y de desarrollo que ofrece el propio acto del colecho.

- Si es obeso. Las madres obesas tienen un riesgo mucho mayor de aplastar a sus bebés.

- Si fumó durante el embarazo.

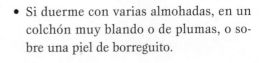

- Si usted o su pareja fuman.

- Si duerme en una cama de agua, tumbona, sofá, sillón, canapé o cojín de semillas.

- Si duerme con varias almohadas, en un colchón muy blando o de plumas, o sobre una piel de borreguito.

- Si utiliza ropa de cama gruesa, como colchas o edredones.

- En habitaciones muy caldeadas. El calor excesivo está asociado con mayores tasas de SMSL.

- Si usted u otro adulto con quien comparte cama están bajo los efectos de las drogas o el alcohol.

- Si hay otros niños que probablemente puedan subir a su cama.

- Si hay animales domésticos que probablemente puedan subir a su cama.

- Si hay peluches en la cama que puedan cubrir la cara del bebé.

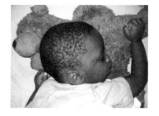

- Y recuerde que los bebés SIEMPRE han de dormir boca arriba.

CONSECUENCIAS DE COMPARTIR LA CAMA DE FORMA INSEGURA

Si no toma las precauciones adecuadas, su bebé puede quedar atrapado:

Entre la cama y la pared.

Entre la cama y un objeto.

En el pie de la cama.

¡COMPARTA LA CAMA SIEMPRE DE FORMA SEGURA!

NORMAS BÁSICAS SOBRE EL COLECHO

Lo que **SIEMPRE** debe hacer:

Asegúrese de que el bebé duerme sobre una superficie limpia, firme y que no esté acolchada. Lo ideal es colocar el colchón en el centro de la habitación sin la estructura de la cama.

¡El entorno de su bebé debe estar libre de humo! Si alguno de los padres fuma (no importa dónde), no deje que su bebé duerma en la cama con él (o ella).

Coloque a su bebé boca arriba para dormir. Si da el pecho en la cama, compruebe que el bebé queda boca arriba tras cada toma.

Una forma realista y segura de practicar el colecho. Aunque no se ha desarmado la estructura de la cama, el colchón se ajusta por completo al cabezal, y el bebé no está en una posición en la que pueda quedar atrapado entre la cama y la pared. Se utiliza una manta ligera y una sola almohada.

Lo que **NUNCA** debe hacer:

Compartir cama si alguno de los padres ha consumido sedantes, medicamentos, alcohol o cualquier otra sustancia que cause una alteración de la consciencia o una notable somnolencia.

Compartir cama si alguno de los padres está enfermo o agotado hasta el punto de que le resultaría difícil responder al bebé, o si uno de ellos percibe que el cuidador principal está más cansado de lo habitual.

Compartir cama si existe algún espacio entre la cama y la pared donde el bebé podría caer y quedar atrapado. Asegúrese de que el colchón encaja por completo en el cabezal y pie de la cama, y desmonte la estructura de la misma si es posible.

Compartir cama si la persona que duerme junto al bebé es considerablemente obesa, a no ser que la madre dé el pecho y haya encontrado una forma de compensar, de alguna manera, la gran diferencia de peso.

Compartir cama si los hermanos mayores que no entiendan los riesgos de la asfixia duermen en la misma cama que los bebés menores de un año.

Compartir cama si algún animal compartirá la cama con el bebé.

Dejar a un bebé en la cama de un adulto solo y sin supervisión. **Nunca deje a un bebé solo en la cama de un adulto.**

Utilizar ropa de cama gruesa. Las sábanas y mantas deben ser porosas, preferiblemente de algodón. En épocas frías, utilice varias capas finas de ropa de cama en lugar de una manta pesada.

Dejar que algo cubra la cabeza o cara del bebé.

Vestir a su bebé con demasiada ropa; si usted está cómoda, es probable que su bebé también lo esté. Recuerde que el contacto cercano de los cuerpos incrementa su temperatura.

Dejarse suelto el cabello largo o utilizar pijamas o camisones con cuerdas o lazos, ya que suponen un peligro de estrangulación para el bebé.

LA FORMA ADECUADA DE PRACTICAR EL COLECHO

La imagen ideal del colecho sería aquella en que ninguno de los padres fuma, están sobrios y han optado por compartir cama y por la lactancia materna. La estructura de la cama se ha desmontado para dejar el colchón en el centro de la habitación, lejos de paredes y muebles. Se utilizan mantas ligeras y almohadas firmes y rectas. No se permite que haya niños mayores, animales ni peluches en la cama.

SI OPTA POR COMPARTIR LA CAMA...

i bien las madres que dan el pecho están diseñadas para dormir junto a sus bebés, los muebles y la cama que ellas utilizan no se pensaron para que las usaran los niños. Esto no significa que el colecho sea inseguro automáticamente, sino que puede que tenga que hacer algunos esfuerzos para garantizar la seguridad infantil.

Compartir la cama es complejo. A diferencia de la cuna, que ha sido diseñada para un cuerpo pequeño, compartir cama es algo menos estable tanto social como estructuralmente. Pero resulta beneficioso en muchos aspectos. La madre puede responder rápidamente si el bebé se desplaza a un lugar peligroso o adopta una posición de riesgo en la cama, o si el bebé emite ruidos extraños o no emite ningún ruido en absoluto. A medida que se incrementa el número de bebés que comparten cama en los países occidentales, como Gran Bretaña, Suecia, Australia y Estados Unidos, un número desproporcionadamente alto de niños están muriendo en la cama de los adultos. La inmensa mayoría de estas muertes se atribuyen a un factor de riesgo particular asociado al compartir cama, como el hecho de que el bebé duerma boca abajo o con otros niños, que la madre fume o consuma drogas, o que se duerma con almohadas o en camas con huecos donde los bebés puedan caer y acabar asfixiándose. Resulta esencial tener plena consciencia de los factores de riesgo y adoptar una actitud activa para eliminarlos. La decisión de compartir cama se debe tomar cuidadosamente.

Si opta por compartir la cama en algún momento de la noche, es crucial para la seguridad del bebé que se anticipe a las posibles amenazas. Por ejemplo, ¿es probable que un hermano u otro adulto se acuesten en la misma cama? En estos casos, puede que estas personas no sean tan diligentes como usted o que no sepan proteger al bebé durante el sueño. O, ¿es posible que un animal doméstico salte sobre la cama y cambie la disposición de las mantas, almohadas o personas, poniendo al bebé en peligro accidentalmente? Si valora estos riesgos, puede reducir la probabilidad de que ocurran. En ocasiones podrá eliminar los factores de riesgo (por ejemplo, encerrando el animal doméstico en otra habitación) o, si no es posible evitarlos, siempre podrá poner a dormir al bebé en una superficie apartada.

Debo insistir en que la mayoría de bebés de Estados Unidos que mueren en la cama de los adultos han quedado encajados entre el colchón y el cabezal o el pie de la cama, entre el colchón y una pared, o entre el colchón y una mesita de noche. Desgraciadamente, hay más factores de riesgo si se comparte la cama que si se duerme en superficies separadas. Los padres deben conocer y valorar los factores de riesgo antes de decidir si compartirán cama con su hijo y la forma en que lo harán.

Si deciden compartir la cama habitualmente, y si todos los factores de riesgo se han eliminado, la cama debe situarse en medio de la habitación, lejos de paredes y muebles. El colchón debe colocarse sin su estructura y ha de cubrirse con mantas ligeras y sencillas, sábanas ajustables y almohadas duras. Si pueden colarse otros niños en la cama durante la noche, es mejor que el bebé duerma junto a la cama en una cuna o moisés.

Recuerde que si fumó durante el embarazo o posteriormente y si su bebé no recibe lactancia materna exclusiva, compartir habitación (pero no la cama) es la forma más segura de practicar el colecho en su familia.

SI DECIDE USAR UNA CUNA PARA EL COLECHO

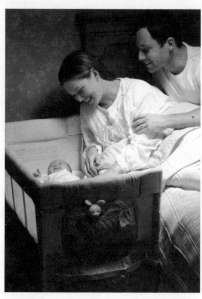

Puesto que compartir la cama no siempre es la disposición ideal para todas las familias, el uso de una cuna especial para el colecho puede resultar una excelente alternativa. Estos productos se presentan en varias formas, desde cestos que pueden colocarse en la cama entre ambos padres, hasta superficies independientes para el bebé que se unen a la cama de los padres. (Debe indicarse que no se han realizado pruebas sistemáticas sobre la seguridad de estos dispositivos. Esto no significa necesariamente que sean inseguros, sino que simplemente no se han probado).

Los dispositivos que se pueden colocar directamente en la cama familiar ofrecen una barrera para los padres que tienen miedo de aplastar al bebé, o para evitar que este se caiga de la cama. Facilitan el acceso a la lactancia y permiten que ambos padres estén tan cerca del bebé como sea posible, a la vez que ofrecen cierta protección.

Las cunas para el colecho que pueden unirse a la cama de los padres son ideales para adultos obesos, personas que con frecuencia están ebrias o muy cansadas, o todas aquellas que utilizan varias almohadas y edredones pero que desean estar cerca de su bebé mientras duermen. Puesto que con estos productos el bebé duerme en una superficie independiente, los padres están más tranquilos al saber que su bebé está a salvo de la mayoría de riesgos presentes en la cama de un adulto.

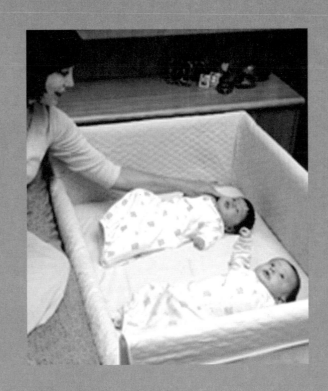

TERCERA PARTE:

PREGUNTAS HABITUALES Y CONSEJOS GENERALES SOBRE EL COLECHO

¿CÓMO AFECTARÁ EL COLECHO A LA RELACIÓN CON MI PAREJA?

ada pareja es diferente, aunque lo mejor es que ambos padres formen un equipo comprometido por completo en criar a sus hijos de la misma forma. Los padres o la pareja deben hablar de sus objetivos, preocupaciones y filosofías para procurar un consenso, puesto que, sea cuales fueren los retos, estos se resuelven más fácilmente si se está de acuerdo en las experiencias que se desean compartir.

Si la pareja llega a un acuerdo, compartir la cama o la habitación con el bebé puede ser una forma maravillosa para que papá pase tiempo con el bebé, hablándole, acariciándolo y (si se comparte la cama) disfrutando del contacto piel con piel. En especial, si papá está apartado del bebé durante muchas horas al día, compartir la cama puede convertirse en una forma importante de mantener al padre vinculado emocionalmente.

La mayoría de libros populares sobre crianza parecen no tener en cuenta las formas en que las prácticas sobre el sueño infantil pueden variar de significado y función de una familia a otra. Debemos ser conscientes de que **todas las familias son diferentes, así que es difícil que dos familias vivan igual una misma experiencia**.

Dicho esto, muchos padres se preguntan por el modo en que el colecho puede afectar a su propia relación. Puesto que cada bebé y familia son únicos, es imposible afirmar con certeza la forma en que el colecho puede afectar a una relación de pareja. Pero podemos decir lo siguiente: los nuevos padres se enfrentan a numerosos retos y gratificaciones a medida que se ajustan a sus papeles de madres y padres, y establecer un patrón para el sueño que funcione en la familia solo es uno más de esos retos.

Hay varias cosas que conviene tener en cuenta para desarrollar un modelo de colecho que se adapte a su propia situación. El colecho no tiene por qué afectar a la ternura ni a la intimidad de la pareja. Aunque el bebé esté en la cama, puede hablar con su pareja, tocarla, reír, darle un masaje y disfrutar de su conexión. Pero la intimidad será sin duda menos espontánea. Tendrán que empezar a planificar el tiempo que pasan juntos, mientras otra persona pueda encargarse del bebé, o bien buscar otro lugar para tener relaciones íntimas mientras duerme el bebé, o llevarlo a una cuna o moisés.

Infórmese sobre el desarrollo infantil. Los niños pasan por muchas transiciones a medida que crecen y cada etapa es solo eso, una etapa. Criar a los hijos con su pareja será más sencillo y menos frustrante si entiende lo que ocurre con su bebé a nivel evolutivo. Ya se trate de la dentición, de la ansiedad de la separación, de los miedos nocturnos o de cualquier otra cosa, todo son etapas, y todas ellas son pasajeras.

¿INTERFERIRÁ EL COLECHO CON LA CAPACIDAD DE MI HIJO PARA SER INDEPENDIENTE?

A la larga no interferirá en absoluto, pero sí puede retrasar el momento en que su bebé quiera dormir solo. Algunos padres tienen la impresión equivocada de que si no entrenan a sus hijos para que se duerman solos, estos se verán privados de algunas habilidades sociales o que afectará a su desarrollo más adelante, o se preocupan porque creen que sus bebés nunca gozarán de un buen patrón de sueño al ser adultos. En realidad, nunca se ha realizado ningún estudio científico que muestre beneficio alguno por dormir de una manera determinada durante toda la noche a edades tempranas, o incluso de adultos.

La independencia y la autonomía no tienen nada que ver con la capacidad de calmarse por uno mismo o con forzar a los bebés a dormir solos. Algunos estudios recientes han mostrado que los bebés que acostumbran a dormir con sus padres son, de hecho, más independientes social y psicológicamente, y que toleran mejor estar solos. La idea de que no debe cogerse a un bebé ni tocarlo durante la noche, en la que creen muchos padres que fomentan el sueño en solitario, resulta totalmente contraria a la ética ante cientos de años de información biológica sobre lo que constituye una evolución correcta: el desarrollo de la empatía y la autonomía, y la capacidad de estar solo cuando se necesita estarlo y la de interrelacionarse y llegar a ser interdependiente con los demás. A medida que conozca mejor a su hijo e identifique sus prioridades como padre o madre, empezará a guiarlo hacia esos objetivos. Comparados con los niños que han dormido solos, los que han practicado el colecho suelen hacer amigos con facilidad, son más imaginativos, controlan mejor su temperamento y resuelven mejor los problemas.[61, 62, 63, 64]

En apartados anteriores se ha hablado sobre los compromisos, y este concepto resulta de particular utilidad y relevancia llegado este punto. Por ejemplo, si opta por practicar el colecho con su hijo de forma habitual, debe prepararse por si, llegado el momento de llevarlo a su propia cama, su hijo no está de acuerdo con ello. Un estudio determinó que, en comparación con los niños que duermen solos desde el nacimiento, los que duermen con sus padres aprenden o aceptan dormir solos aproximadamente un año después de los que no tienen más remedio que dormir en solitario. Por tanto, la aparición del sueño en solitario e independiente del niño puede retrasarse a causa del colecho, aunque eso no supondrá ningún problema para él, y los padres habrán obtenido bellos sentimientos y recuerdos del colecho. Además de estas experiencias, su hijo habrá desarrollado una capacidad más duradera para la autosuficiencia, la resiliencia, el consuelo mediante el afecto y la aptitud para estar solo cuando sea necesario.[65]

¿PODREMOS DESCANSAR BIEN POR LA NOCHE SI METEMOS AL BEBÉ EN NUESTRA CAMA?

L a respuesta a esta pregunta depende, en parte, de lo que los padres entiendan exactamente como «descansar bien» y de si compartir la cama es una opción elegida por los padres o una situación que se considera impuesta porque el niño no acepta dormir solo. No obstante, recuerde que la razón por la que muchas familias deciden compartir la cama, de forma inesperada, es porque así todos consiguen dormir más. Es más exacto decir que algunos padres, pese a estar contentos con la decisión de practicar el colecho por razones emocionales, no logran obtener el suficiente sueño ininterrumpido.

Para muchas familias sigue valiendo la pena compartir la cama con niños mayores, aunque algunas noches mamá o papá se retiren precipitadamente a una cama vacía en algún otro lugar de la casa para conseguir el descanso adicional que sienten que necesitan, un sistema al que me refiero como «las camas musicales». En ocasiones, un padre acude a la llamada de un hijo que duerme en otra habitación, permanece un rato en su cama y regresa a su propio dormitorio. Por lo general, mamá

y papá se turnan, aunque a veces es solo papá quien hace el turno de noche (como hice yo). A las familias a las que les gusta este método, les puede funcionar muy bien. Pensándolo bien, puedo decir con sinceridad que recuerdo gratamente los momentos en que mi hijo me llamaba a su cama para acurrucarlo tras haberse despertado y sentirse un poco inseguro. Como en todo, cada familia debe trabajar para encontrar la disposición que mejor le funcione.

En contra de la creencia popular, las propias madres cuentan que la opción de compartir cama con los hijos favorece que tanto los bebés como los padres disfruten de un sueño nocturno más largo y tranquilo, sobre todo si la madre da el pecho. Si el bebé duerme en otra habitación, tiene que llorar para que su madre reaccione y lo alimente, con lo que el bebé estará más agitado incluso antes de que se inicie la toma. Aunque es posible que las madres que comparten cama se despierten más veces, consideran que duermen mejor cuando están junto a sus bebés. Y, por supuesto, si le resulta difícil dormir con su hijo en la cama, siempre puede disfrutar de las ventajas del colecho poniendo a su bebé a dormir en una superficie independiente en la misma habitación.

MUCHOS PEDIATRAS DICEN QUE SI COMPARTO CAMA CREARÉ UN «MAL HÁBITO» QUE SERÁ DIFÍCIL ROMPER. ¿ES CIERTO?

Esta advertencia omnipresente se basa en valores subjetivos, no en la ciencia. Lo que para una familia es un «mal hábito» para otra es un feliz tiempo compartido. La mayoría (por no decir todas), sienten el colecho como algo maravilloso, por muchas y buenas razones. Como les ocurre a los adultos, los bebés y niños son reacios a abandonar algo que les hace sentir bien. Dicho esto, cualquier hábito humano se puede cambiar, y la forma en que se introduzcan los nuevos planes para dormir dependerá de los propios padres e hijos y de las especiales características de la familia.

No hay nada malo en decidir que su hijo ya está listo para dormir en su propia habitación, pero el truco radica en confiar en su propio conocimiento sobre su hijo para decidir la mejor forma de proceder. Algunos padres tratan de convertir la hora de irse a la cama en un ritual único para su hijo, le ofrecen su objeto o muñeca favorita para acompañarlo durante el sueño, le facilitan la salida de la cama permitiéndole dormir

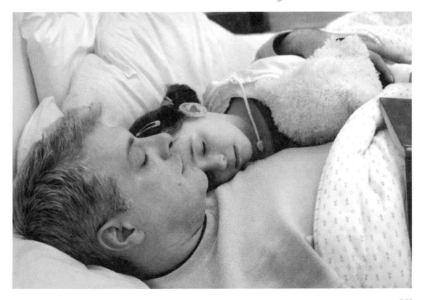

durante un tiempo en una colchoneta en el suelo, en una cuna o en otra cama próxima a la familiar, o simplemente destacan la emoción de tener una habitación nueva o los privilegios especiales de hacerse mayor.

Cambiar rutinas es una parte necesaria del crecimiento, y la transición para dejar el colecho puede ser una experiencia positiva para su hijo.

¿QUÉ PASA CON LAS SIESTAS?

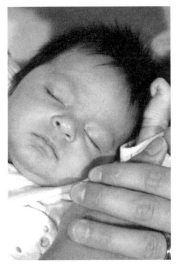

A la mayoría de bebés no les importa dormir solos durante las siestas diurnas; es la oscuridad y la noche lo que les intimida. Pero incluso durante las siestas lo mejor es no aislar al bebé.

Procure, si es posible, que su bebé haga la siesta en una cuna o moisés donde haya gente. No se preocupe por si su bebé podrá o no conciliar el sueño, ya que la mayoría pueden dormir en medio de un concierto de rock si están cansados. La vieja idea de «¡Silencio! ...El bebé está durmiendo» solo conduce a que el bebé tenga un sueño ligero y se mueva ante cualquier ruido extraño. Los bebés se sienten seguros cuando oyen las voces de sus hermanos y padres mientras duermen. El volumen de ruidos normales de una casa garantiza un nivel para el despertar del bebé que probablemente resulte el más adecuado para un sueño seguro.

Recuerde comprar un juego adicional de intercomunicadores y colocar el altavoz cerca del bebé (consulte la página 69).

SI TENGO GEMELOS, TRILLIZOS O MÁS, ¿DEBO PRACTICAR EL COLECHO?

Como en el resto de aspectos relativos al cuidado de gemelos, existen retos añadidos para compartir la cama, en especial si su pareja o marido no se implica de forma activa. Mi recomendación general es que coloque al menos a uno de los gemelos en la cuna o moisés después de haberlo alimentado y duerma con un solo gemelo cada vez, que coloque a los dos (o a todos, si son más de dos) en la misma cuna (consulte el siguiente capítulo), o que ponga dos o más moisés uno junto a otro.

Si su marido o pareja no es de los que se ven participando activamente en el cuidado de los gemelos, lo mejor es no dormir con los dos niños en la cama. Si comparte cama de forma regular con los gemelos, es básico que sea una cama muy amplia. Además, su pareja debe ser algo más que un participante pasivo: tiene que estar de acuerdo en trabajar con usted para responsabilizarse de saber exactamente dónde se encuentra cada gemelo en todo momento.

Si el segundo adulto no quiere asumir esta responsabilidad hacia, al menos, uno de los gemelos, pero usted desea seguir con el colecho, no deje nunca a un niño entre usted y su pareja; coloque a los dos gemelos frente a su cuerpo y cúrvelo alrededor de ellos para protegerlos de su compañero de cama.

También es importante mantener cierta distancia entre usted y sus gemelos, simplemente porque así resulta más fácil que uno de los niños quiera arrimarse a la madre y, en el proceso, se acerque a su hermano tanto como le sea posible (quizá demasiado cerca). Utilice solo las mantas más ligeras para garantizar que el aire pueda circular entre los dos niños. Tenga en cuenta que un bebé hambriento es capaz de confundir la nariz de su hermano con el pecho materno y, por extraño o divertido que pueda parecer, si un gemelo se pone a succionar la nariz del otro puede ocasionarle una rápida deshidratación. Y, sí, ha ocurrido.

Mi recomendación es que, si su pareja no está interesada en controlar o ser responsable de uno de los gemelos, lo mejor es colocar a los niños en una cuna o moisés para que duerman juntos tras cada toma (o si no toman el pecho). Karen Gromada ha escrito un maravilloso libro sobre cómo criar gemelos o mellizos, sean dos o más de dos.[66]

¿QUÉ ES COMPARTIR CUNA? ¿TIENE EL MISMO OBJETIVO QUE COMPARTIR CAMA?

Desde un punto de vista científico, este es un aspecto poco investigado. La expresión «compartir cuna» se refiere a dos gemelos que duermen juntos. Compartir cuna es otra forma de colecho, muy diferente a la que se ha referido buena parte de este libro, en la que dos cuerpos de igual peso y tamaño duermen en la misma

cuna. La forma en que esta práctica funciona y su papel en el desarrollo y la seguridad infantil son totalmente distintos a las otras formas de colecho. Puesto que los gemelos, trillizos o más tienen, en general, un mayor riesgo de muerte súbita por razones aún desconocidas, las cuestiones relativas al tipo de entorno del sueño que mejor pueda o bien protegerlos, o bien incrementar el riesgo, son especialmente críticas. Estas preguntas sobre compartir cuna surgen ante la mayor preocupación por comprender la causa de los nacimientos prematuros, puesto que muchos gemelos nacen prematuramente. Esta circunstancia es la principal causa de hospitalización durante el periodo neonatal, y es la responsable de hasta el 75 % de la mortalidad y morbilidad neonatal, por lo que es un tema que precisa un estudio mucho mayor.[67]

El reto de cualquier nacido cuando pasa del vientre materno al mundo exterior es el de reestablecer una especie de «equilibrio biorrítmico» mediante la estabilización de las funciones de los ciclos sueño-vigilia, los patrones de alimentación, los niveles químicos en sangre y los ritmos respiratorios y cardíacos. Dos equipos de investigadores sostienen que los intercambios sensoriales mutuos, favorecidos cuando los bebés comparten la misma cuna, incrementan la capacidad de los gemelos para llevar a cabo esta tarea, y que ayudan a mejorar la respiración, a hacer un uso más eficaz de la energía y a reducir los niveles de estrés en general.

Se sabe, por ejemplo, que la respuesta al estrés que conduce a un incremento de la producción de cortisol puede tener un impacto negativo en el crecimiento y desarrollo, y que generalmente altera la regulación térmica, la duración del sueño y el ritmo cardíaco y respiratorio de forma potencialmente negativa. Estos investigadores hallaron que, de forma similar a lo que ocurre en el vientre materno, los gemelos que comparten cuna se tocan, chupan, acercan, agarran y abrazan entre sí. Los estudios realizados por la Dra. Helen Ball muestran que los gemelos sonríen entre sí y que, a menudo, se despiertan al mismo tiempo. Esto apoya la percepción de los padres de gemelos, que manifiestan anecdóticamente que sus hijos prefieren estar juntos, y que se calman y duermen profundamente cuando comparten cuna. Como cuidar de dos bebés es un reto considerable, no resulta sorprendente que muchos padres pongan en práctica cualquier método de tipo conductista que mejore sus propias horas de sueño y facilite el esfuerzo que supone cuidar y alimentar a dos bebés a la vez, como la Dra. Helen Ball señala en sus estudios.[68, 69, 70]

Hoy en día, las recomendaciones que se escuchan en contra de que los bebés compartan cuna ilustran con frecuencia los prejuicios culturales frente al colecho en general. Algunas autoridades médicas suponen, sin ningún dato, que si algunas formas de compartir cama entre un adulto y un bebé son peligrosas, dos niños de igual peso corporal suponen una amenaza mutua. En las ocasiones y situaciones en que existe un vacío en nuestro conocimiento, o cuando la información disponible es escasa, las recomendaciones, sean médicas o no, se convierten rápidamente en generalizaciones, estereotipos o anécdotas que se comunican como si hubieran sido científicamente probadas. En este caso, para responder a la pregunta de si compartir la cuna entre gemelos resulta o no seguro o beneficioso se emplean estudios sobre colecho entre adultos y niños. Algunos servicios hospitalarios de neonatología entienden que las recomendaciones de la Academia Americana de Pediatría en contra del colecho se aplican a gemelos cuando, de hecho, ningún estudio sobre gemelos se ha tomado como base para las recomendaciones sobre la muerte súbita, ni hasta la fecha se han utilizado consideraciones basadas en la evidencia para justificar las políticas hospitalarias en contra de compartir cuna.

DISPOSICIONES PARA COMPARTIR CUNA

omo muestran los siguientes dibujos del estudio de la Dra. Ball sobre 60 parejas de gemelos, los padres preparan de muchas maneras diferentes el entorno en que van a dormir sus bebés.

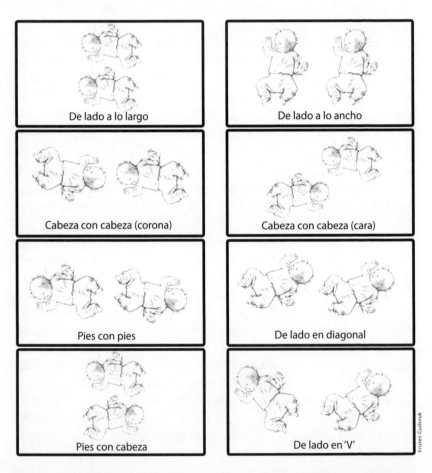

De lado a lo largo	De lado a lo ancho
Cabeza con cabeza (corona)	Cabeza con cabeza (cara)
Pies con pies	De lado en diagonal
Pies con cabeza	De lado en 'V'

Kristen Gudsnuk

Dibujos de Kristen Gudsnuk, modelados a partir de Ball, Helen (2006), "Caring for twin infants: sleeping arrangements and their implications." Evidence-Based Midwifery 4 (1) :10-16. Gentileza de: Evidence-Based Midwifery.

¿EXISTE ALGUNA DIFERENCIA EN EL COLECHO CON UN BEBÉ ADOPTADO?

En función de sus edades y experiencias, los bebés y niños adoptados pueden tener mayores necesidades de afecto y contacto, pero, si son mayores, es posible que no estén habituados a la intimidad. Observe detenidamente la forma en que su hijo reacciona con usted y responda conforme a ello. Si es posible, también resulta útil conocer el historial de experiencias de su hijo y valorar qué procesos o necesidades especiales se requieren para integrarlo en la familia y establecer nuevas relaciones sólidas, seguras y de confianza.

Si ha adoptado un bebé, no hay ninguna diferencia. Con independencia de su origen cultural, lugar de nacimiento o raza, todos los bebés tienen las mismas necesidades. Puesto que el vínculo entre cualquiera de nosotros puede mejorar mucho con el contacto, adoptar el colecho facilita enormemente el desarrollo del vínculo entre el hijo adoptado y usted. Puede darse el caso de que las agencias de adopción exijan que los bebés o niños dispongan de su propia habitación. En tal caso, será uno más de los millones de padres para los que el cuidado nocturno y la relación que establecen con sus hijos no vienen impuestos ni limitados por el número de habitaciones que tienen ni por dónde colocan una cuna.

¿QUÉ DEBE SABER UNA FAMILIA QUE COLECHA SOBRE LOS VIAJES FAMILIARES?

Durante los primeros años de vida, descubrirá que su hijo se siente especialmente tranquilo durmiendo en su compañía cuando la familia está fuera de casa. Muchos padres colechan durante los viajes, aunque no lo hagan habitualmente.

Parece existir un elevado riesgo de muestre súbita entre los bebés que duermen en lugares diferentes del habitual. Los bebés entre 2 y 4 meses de edad que se ponen a dormir solos durante un viaje y que no suelen dormir solos, ven incrementado (aunque ligeramente) su riesgo de padecer la muerte súbita. Y lo contrario también parece ser cierto. Un bebé que no comparte cama en su casa, pero que lo hace cuando duerme fuera, tiene un riesgo mayor de SMSL, puesto que se encuentra ante un nuevo entorno para dormir. Por tanto, la idea básica es que quizá lo mejor que puede hacer durante el viaje es imitar, en la medida de lo posible, lo que hace habitualmente en casa. Si comparte cama, compártala; si duermen separados, ponga a su hijo a dormir en otra superficie.

Tenga en cuenta que si comparte cama cuando está de viaje, debe asegurarse de que el entorno del colecho sea seguro para su bebé (consulte la segunda parte de este libro). Cuando esté de viaje o de vacaciones, los factores de riesgo que ponen en peligro al bebé siguen existiendo. De hecho, los riesgos pueden incrementarse, por lo que debe prestar una atención especial al lugar y modo en que duerme su bebé fuera de casa.

¿SERÁ MI HIJO DIFERENTE, EN ALGÚN SENTIDO NEGATIVO, SI OPTO POR EL COLECHO O POR COMPARTIR CAMA?

 O.

La disposición a la hora de dormir no crea, por sí misma, ningún tipo específico de relación que no se haya conformado por lo que ocurre durante el día. Esta disposición es solo un reflejo de la naturaleza de la relación que ya comparten madre e hijo antes de ir a dormir. En otras palabras, la forma en que se duerme refleja generalmente la naturaleza de la relación que ya existe, sea buena o mala, aunque en ocasiones puede reforzarla, exagerarla o contribuir a ella. La disposición para dormir no crea una relación: si esta es

muy buena durante el día, el colecho simplemente hace que aquello que ya es bueno siga siendo bueno o incluso mejor de noche.

Por el contrario, si uno de los padres está deprimido o resentido con su hijo durante el día, esta misma dinámica impactará de forma negativa durante la noche si los padres se deciden por el colecho. Dicho esto, para los padres contentos y afectuosos, el colecho puede ser una forma maravillosa de continuar intensificando el vínculo con su hijo durante la noche.

¿DURANTE CUÁNTO TIEMPO DEBO DORMIR CON MI HIJO?

odo el tiempo que desee. De hecho, el tiempo durante el que un niño duerme cerca de sus padres nunca nos ha preocupado como especie, a lo largo de la historia de la evolución. Mientras que todas las personas implicadas en el colecho disfruten y la relación que se refleja durante el día sea saludable, el colecho en alguna de  sus formas no tiene por qué detenerse… Aunque, naturalmente, lo hará. No hay un momento específico tras el cual, de repente o de manera gradual, el colecho pase a convertirse en algo perjudicial, a no ser que alguno de los miembros de la familia no se encuentre a gusto o que la situación sea social, psicológica o físicamente poco sana o indeseable para alguno de los participantes. El colecho, entendido como compartir cama o habitación, no puede ir bien a menos que todos los participantes se sientan cómodos con su práctica, y este es el mejor momento para dejarlo. Si alguno de los implicados no desea practicar el colecho, nunca debe forzarse la situación.

Recuerdo algunas ocasiones en que mis estudiantes universitarios de Sudamérica se me acercaban avergonzados después de mis clases para susurrarme sus historias, que nunca se atrevían a contar a sus compañeros por miedo al ridículo. Muchos de ellos me querían contar que TODAVÍA dormían con sus padres cuando volvían a casa de vacaciones. Uno de mis jóvenes amigos me contó que todos los niños saltan a las camas de sus padres para conversar, contar cuentos, comer, ver la televisión o simplemente disfrutar durmiendo o estando todos juntos en la cama.

¿DEBEMOS PRACTICAR EL COLECHO SI MI PAREJA NO ES EL PADRE DEL BEBÉ?

Solo hay un estudio que muestra un incremento del riesgo de muerte del niño cuando comparte la cama con un hombre adulto no emparentado con él. Sin embargo, el grupo objeto de estudio presentaba en su mayoría algún factor de riesgo cuando los bebés murieron.[71] Mi suposición es que si una pareja no emparentada está comprometida con el bebé y asume su responsabilidad en la misma medida que la madre, entonces compartir cama puede ser tan seguro como en el caso de un padre biológico o adoptivo. Pero me-

rece la pena repetir este punto. Es posible que los adultos no emparentados no deseen responsabilizarse del niño de la misma forma en que lo haría un padre biológico o adoptivo, o que decidan desatender sus propias responsabilidades sobre la seguridad del niño. En cualquier situación en que esto ocurra, mi recomendación es la de no compartir cama. En su lugar, lo mejor es que el bebé duerma junto a la cama en una superficie diferente.

¿QUÉ EFECTOS A LARGO PLAZO EXPERIMENTARÁ MI BEBÉ SI DUERMO CON ÉL?

Nunca se ha probado ni demostrado, y ni tan siquiera resulta probable, que dormir con el bebé sea la causa de ningún efecto negativo a largo plazo cuando la relación entre los implicados es saludable. Por el contrario, los expertos han descubierto que el colecho puede ayudar a desarrollar cualidades positivas, como una mayor aceptación de las demostraciones físicas de afecto, una mayor confianza en la propia identidad sexual, una actitud más positiva y optimista ante la vida, un mayor grado de creatividad en la infancia y una mayor capacidad para estar solo. Un estudio epidemiológico muy importante mostró que los niños en edad escolar que duermen con sus padres no están suficientemente representados en las poblaciones psiquiátricas. Y, aunque no sé si tomará esto como una maldición o una bendición, una encuesta entre individuos en edad universitaria descubrió que los hombres que durmieron junto a sus padres entre el nacimiento y los cinco años gozaban de una autoestima significativamente mayor, experimentaban menos sentimientos de culpa y ansiedad, e incluso tenían relaciones sexuales con más frecuencia. El colecho es parte de un entorno de amor y apoyo que los padres crean para sus hijos, y este entorno, a su vez, les proporciona la confianza para convertirse en adultos sociales, felices y cariñosos.[72]

¿PODRÉ REDUCIR LAS TOMAS NOCTURNAS SI DUERMO CON MI HIJO?

Destetar a un bebé que ha dormido con su madre desde el nacimiento es un proceso difícil y particular. La decisión de destetar es importante, y solo debe llevarla a cabo si siente que es necesario.

Para algunos bebés puede resultar difícil ajustarse a una disminución de la lactancia. Una estrategia para reducir las tomas nocturnas es dar más el pecho durante el día.

Tal vez pueda impedir que el bebé detecte que la leche está cerca y eliminar algunas tomas, si coloca una barrera entre su pecho y el bebé, si duermen mirando a direcciones opuestas, o bien si coloca al bebé en una cuna o en un moisés junto a su cama.

Si su bebé llora por hambre, papá puede acunarlo para ayudarle a aprender una nueva asociación. El papel del padre en el destete nocturno de un bebé puede resultarle muy gratificante, e incluso producir un cambio significativo en la relación de apego con su hijo.

Es muy importante utilizar su propio criterio y experiencia y confiar en su bebé, ya que cada niño dará señales diferentes de lo que funciona mejor con él, y solo con él. Igual que la opción de practicar el colecho o compartir cama, la decisión de destetar debe tomarse cuidadosamente y prestando especial atención a las necesidades de cada miembro de la familia.

¿DEBERÍA DORMIR CON MI HIJO PREMATURO O DE BAJO PESO?

En casi todos los estudios epidemiológicos de los que tengo conocimiento, los bebés que son pequeños para su edad gestacional o prematuros son, con mucha mayor frecuencia, víctimas del síndrome de muerte súbita en situaciones de cama compartida. Aunque las razones de estas muertes no son bien conocidas, y podrían guardar relación con acontecimientos del desarrollo intrauterino o defectos del sistema nervioso fetal (algunos de los cuales se deben al tabaquismo de la madre, que causa un retraso en el crecimiento intrauterino), probablemente resulte más seguro no compartir  cama con un bebé prematuro o de bajo peso. Compartir la cama de forma rutinaria no parece contribuir a la supervivencia de estos niños más delicados, por lo que es mejor no hacerlo. Coloque a su hijo prematuro o de bajo peso junto a su cama en una superficie diferente, pero no en la cama de los padres. De todas formas, el contacto piel con piel mientras está despierto resulta sumamente protector, y se sabe que los intercambios sensoriales con un adulto son clínicamente beneficiosos para los niños con desventajas de desarrollo. Cuanto más se tomen en brazos, se lleven encima, se amamanten y se interaccione físicamente con estos bebés especiales, mucho mejor.

APÉNDICES

APÉNDICE I

RECURSOS SOBRE COLECHO Y OTRAS LECTURAS

Libros/Publicaciones

Jové, Rosa. *Dormir sin lágrimas: dejarle llorar no es la solución.* Abril, 2006. Editorial Esfera de los Libros. ISBN: 84-9734-478-2

El primer libro en lengua española que aboga por la idea de que el sueño infantil es un proceso evolutivo, que hay que respetar. La autora, psicóloga y psicopediatra, pone en entredicho los actuales métodos de adiestramiento para enseñar a dormir y advierte de sus consecuencias.

Pantley, Elizabeth. *El sueño del bebé. Sin lágrimas.* Noviembre, 2009. Editorial Medici. ISBN: 978-84-9799-078-3

Elizabeth Pantley propone un medio para analizar y evaluar el sueño del bebé, y fijar unos objetivos realistas para mejorar el descanso de toda la familia. Incluye varias alternativas y sugerencias adaptadas a los diferentes estilos de crianza.

Small, Meredith F. *Nuestros hijos y nosotros.* Abril, 2006. Editado por Crianza Natural. ISBN: 950-15-2018-8

Una obra ya clásica y de referencia sobre la crianza en general de los hijos, donde la Dra. Small redescubre las auténticas necesidades de nuestros bebés, que la sociedad actual parece ignorar. Buena parte del libro está dedicada a investigar la manera en que deben dormir los bebés desde el punto de vista antropológico y evolutivo.

González, Carlos. *Bésame mucho: cómo criar a tus hijos con amor.* Junio, 2006. Editorial Temas de Hoy. ISBN: 978-84-8460-585-0

El pediatra Carlos González describe de forma amena y rigurosa lo que cabe esperar de un bebé y echa por tierra muchos de los actuales consejos dados por profesionales, al considerar que van en contra de la propia naturaleza y de los sentimientos maternos más profundos.

Fleiss, Paul M. *Sweet dreams: a pediatrician's secrets for your child's good night's sleep.* Diciembre, 2000. ISBN: 737304944

La mayoría de nuevos padres no tardan en descubrir lo difícil que resulta poner a su hijo a dormir y que duerma toda la noche. El Dr. Fleiss, un reconocido pediatra familiar con más de 30 años de experiencia, comparte sus secretos y nos revela los patrones de sueño naturales de los niños, así como la forma en que desarrollar rituales que favorezcan el irse a la cama, consejos nutricionales y de estilo de vida para dormir mejor, y cómo el colecho afecta al crecimiento y desarrollo normales.

Goodavage, Maria y Dr. Jay Gordon. *Good nights: the happy parents' guide to the family bed.* Junio, 2002. ISBN: 312275188

Este libro entierra sus preocupaciones por la cama familiar, ofrece una sencilla y divertida guía sobre seguridad, hace frente a las críticas e incluso le ayuda a mantener la chispa en su matrimonio (aunque sea fuera del dormitorio). De forma cordial y humorística, el Dr. Jay Gordon, un reconocido pediatra defensor de la cama familiar durante décadas, y Maria Goodavage, una antigua redactora de *USA Today* con formación sobre el sueño, le informan de todo lo necesario para prosperar (o, en ocasiones, simplemente sobrevivir) con la cama familiar.

Jackson, Deborah. *Three in a bed: the benefits of sharing your bed with your baby.* Agosto, 1999. ISBN: 158234051

Esta obra es todo un clásico. Detalla las inestimables ventajas de la lactancia materna, analiza la historia del colecho y explora las posiciones actuales ante esta idea mediante entrevistas con los padres. Así mismo, ofrece una nueva perspectiva a la tragedia de la muerte en la cuna, consejos prácticos para mantener la vida sexual, indicaciones sobre seguridad en la cama y respuestas a las objeciones más habituales.

Mothering Magazine Special Edition, n.º 114. Septiembre/Octubre 2002.

Un número completo de esta revista sobre crianza natural dedicado al tema del colecho. Acceda a http://www.mothering.com/ para solicitar una copia de este monográfico de 40 páginas.

Sears, Martha & William Sears. *How to get your baby to sleep.*
Julio, 2002. ISBN: 316776203

El Dr. Bill y Martha Sears comparten su experiencia en el desarrollo de
una rutina nocturna y ofrecen indicaciones para crear un entorno seguro para el sueño, vestir adecuadamente al bebé para dormir, evitar el
SMSL, ayudar a que el niño se relaje, conocer las ventajas del colecho,
determinar el sueño que el bebé necesita y abordar el sueño ligero y el
despertar temprano.

Sears, William. *Nighttime parenting: how to get your baby and child
to sleep.* Noviembre, 1999. ISBN: 452281482

Este libro, escrito para facilitar el trabajo y ayudar a que toda la familia
(madre, padre e hijo) duerma mejor, descubre por qué los bebés duermen de manera diferente a los adultos, ofrece soluciones a los problemas nocturnos y describe el modo en que ciertos estilos de crianza nocturnos pueden ayudar en la reducción del riesgo del SMSL.

Sunderland, Margot. *La ciencia de ser padres.* Marzo, 2007.
Editorial Grijalbo. ISBN: 978-84-253-4068-0

La Dra. Margot Sunderland, psicoterapeuta infantil, ofrece una aproxi-
mación práctica a la crianza que ayuda a los niños a conseguir todo su
potencial, basándose en más de 700 estudios científicos.

Thevenin, Tine. *Family bed.* Febrero, 2002. ISBN: 039952729X

Una «excelente» guía de la Dra. Jane Goodall sobre los pros y contras de
poner a los niños a dormir en la cama de sus padres.

DVDs / Videos

Dra. Helen Ball, Sally Inch y Marion Copeland. *The benefits of
bedsharing.* 2005. Disponible en Platypus Media (PlatypusMedia.com)

Este afable e instructivo vídeo/DVD, basado en la investigación del Laboratorio del Sueño Maternoinfantil de la Universidad de Durham
(Reino Unido) y de otros lugares del mundo, es una guía práctica y fiel
sobre las ventajas de compartir cama y los aspectos de su seguridad.

Sitios web

Folleto sobre el colecho de la Iniciativa Hospital Amigo de los Niños de UNICEF en España

www.ihan.es/publicaciones/libros_manuales/sharingbed_spanish.pdf

Un folleto con información sobre las ventajas y riesgos de compartir la cama, creado para ayudar a los padres a tomar decisiones informadas sobre la seguridad a la hora de compartir cama con sus bebés.

James J. McKenna y el Laboratorio del Comportamiento del Sueño Maternoinfantil de la Universidad de Notre Dame

http://www.nd.edu/ ~ jmckenn1/lab/

Web oficial del autor James J. McKenna, con más información sobre el colecho y compartir cama.

Dra. Helen Ball y el Laboratorio del Sueño Maternoinfantil de la Universidad de Durham

http://www.dur.ac.uk/sleep.lab/

Un centro de estudio del sueño maternoinfantil ubicado en el Reino Unido con mucha información.

Dr. William Sears

http://www.askdrsears.com

La web oficial del abuelo del movimiento de la crianza natural, el Dr. William Sears, su esposa Martha (enfermera) y dos de sus hijos, ambos pediatras.

Crianza Natural

http://www.CrianzaNatural.com

La web de referencia en castellano sobre la crianza natural, con diferentes artículos de información sobre el sueño infantil y el resto de aspectos de la crianza de los hijos. Ofrece, además, un foro participativo abierto a madres y padres sobre estos temas.

Dormir sin llorar

http://www.DormirSinLlorar.com

Un portal en castellano con ideas y soluciones para lograr mejorar el sueño de su bebé sin necesidad de dejarle llorar.

Organizaciones

La **Academia de Medicina y Lactancia (ABM)** es una organización mundial de médicos dedicada a la promoción, protección y apoyo de la lactancia materna. Gracias a la unión de miembros de varias especialidades médicas en este objetivo común, la ABM desarrolla protocolos clínicos para la gestión de problemas médicos habituales que puedan impedir el éxito de la lactancia.

Email: ABM@bfmed.org
http://www.bfmed.org/

El **Instituto Americano del SMSL** es una ONG norteamericana sobre salud dedicada a la prevención de la muerte súbita del lactante y a la promoción de la salud infantil mediante enérgicos y exhaustivos programas nacionales.

Email: prevent@sids.org
http://www.sids.org/

Attachment Parenting International (API) pone en contacto padres, profesionales y organizaciones de su misma ideología en todo el mundo. Además de ofrecer su ayuda para la formación de grupos de apoyo sobre crianza, API funciona como una oficina central, proporcionando materiales educativos, información sobre investigación, ponentes y servicios consultivos y de remisión para promocionar los conceptos de la crianza natural.

Email: info@attachmentparenting.org
http://www.attachmentparenting.org

La **Asociación Internacional de Consultores de Lactancia** es una asociación profesional del Comité Internacional de Consultores Certificados de Lactancia (IBCLC) y de otros profesionales de la salud que cuidan de las familias que amamantan. Su visión es la de una red mundial de profesionales de lactancia, y su misión es la de promocionar a estos profesionales mediante su dirección, apoyo y desarrollo.

Email: info@ilca.org
http://www.ilca.org

La Leche League International es una organización fundada en 1956 por siete mujeres que deseaban facilitar la lactancia y hacerla más satisfactoria para madres e hijos. La organización ofrece información y apoyo, principalmente mediante ayuda personal, a mujeres que desean amamantar a sus hijos. Su misión es ayudar a madres en todo el mundo mediante grupos de apoyo, educación e información, y promover un mayor conocimiento de la lactancia como un elemento clave en el desarrollo saludable del bebé y su madre.

Email: llli@llli.org
http://www.llli.org
En España, http://www.laligadelaleche.es

El **Comité de Lactancia de Estados Unidos** es una sociedad colectiva de organizaciones, cuya misión es proteger, promocionar y apoyar la lactancia materna en Estados Unidos. Este comité existe para garantizar que la lactancia ocupa el lugar que le corresponde en la sociedad.

Email: info@usbreastfeeding.org
http://www.usbreastfeeding.org

La **Asociación Española de Pediatría** es una asociación médico-científica que tiene, entre otros objetivos, velar por cuanto se refiere a la salud del niño y del adolescente, en sus aspectos físico, psíquico y social, y ofrecer su asesoramiento a organismos oficiales y privados en España.

Email: aep@aeped.es
http://www.aeped.es

FEDALMA es una organización que reúne a más de 30 asociaciones y grupos de apoyo en toda España. Entre sus finalidades, se dedica a desarrollar servicios de información y apoyo dirigidos a las mujeres que quieren amamantar a sus hijos, y a coordinar acciones conjuntas para unificar criterios comunes en la atención a las mujeres.

Email: contacto@fedalma.org
http://www.fedalma.org

ACPAM es una asociación sin ánimo de lucro que defiende el derecho de las madres a dar el pecho a sus hijos. Entre otras actividades, organiza cursos de lactancia materna para profesionales de la salud y edita materiales educativos. Dirigida por el Dr. Carlos González.

Email: acpam@menta.net
http://www.acpam.org

APÉNDICE II

RESUMEN DE LA DECLARACIÓN DE LA ACADEMIA AMERICANA DE PEDIATRÍA (AAP) SOBRE LA MUERTE SÚBITA DEL LACTANTE (SMSL): 1 DE NOVIEMBRE DE 2005

En otoño de 2005, la Academia Americana de Pediatría emitió una declaración sobre el síndrome de la muerte súbita del lactante, con la que revisaba su anterior declaración de 1 de marzo de 2000. Esta declaración incluye un análisis de los estudios actuales sobre SMSL y emite unas recomendaciones. A continuación, se ofrece un resumen de la declaración:

La incidencia del síndrome de la muerte súbita del lactante (SMSL) ha disminuido de manera muy importante desde que la Academia Americana de Pediatría (AAP) hizo pública en 1992 su recomendación de poner a dormir a los lactantes boca arriba (con el abdomen mirando al lado opuesto de la superficie donde duermen). Aunque la tasa de SMSL continúa cayendo, parte de la reciente disminución observada durante los últimos años puede ser el resultado de cambios en la clasificación de otras causas de muerte infantil inesperadas. Desde que la AAP publicó su última declaración sobre SMSL en 2000, varias cuestiones han adquirido relevancia, como el importante riesgo asociado a dormir de lado; la AAP ya no reconoce dormir de lado como una alternativa razonable a la posición supina (boca arriba). La AAP también insiste en la necesidad de prescindir de ropa de cama superflua y de objetos blandos en el entorno de sueño del bebé, en los riesgos de que los adultos duerman con el niño en la misma cama, en la reducción del riesgo de SMSL asociada a que los lactantes duerman en la misma habitación que los adultos y utilicen chupetes en el momento de dormir, en la formación a cuidadores y neonatólogos para que sean conscientes de la importancia de «dormir boca arriba» y en las estrategias para reducir la incidencia de la plagiocefalia postural asociada con la posición supina.

Las recomendaciones de la AAP incluían el siguiente consejo motivo de controversia:

Se recomienda un entorno para el sueño separado pero próximo. Se ha visto que el riesgo del SMSL se reduce cuando el bebé duerme en la misma habitación que la madre. Se recomienda una cuna o moisés que se ajuste a los estándares de seguridad de la Comisión de Seguridad de Productos de Consumo (CPSC) y a la ASTM (antigua Sociedad Americana de Ensayos y Materiales). Los «colechadores» (camas infantiles que se unen a la cama de la madre) facilitan el acceso de la madre a su hijo, en especial si da el pecho, aunque la Comisión de Seguridad de Productos de Consumo todavía no ha establecido estándares de seguridad para dichos dispositivos.

Aunque el número de padres que duermen con sus hijos está creciendo en Estados Unidos por diferentes motivos, como facilitar la lactancia, el grupo de trabajo concluye que un mayor número de pruebas demuestran que compartir cama, de la manera en que se practica en Estados Unidos y otros países Occidentales, resulta más peligroso para el bebé que dormir en una superficie separada y, en consecuencia, recomienda no compartir cama mientras duermen. Puede llevar al niño a la cama para amamantarlo o consolarlo, pero debe colocarlo en su cuna o moisés cuando se disponga a dormir.

Considere ofrecer un chupete durante las siestas y por la noche. Aunque se desconoce el mecanismo, la reducción del riesgo del SMSL asociada al uso del chupete durante el sueño es convincente, y no así las pruebas de que su uso inhibe la lactancia o causa complicaciones dentales. Hasta que los datos indiquen lo contrario, el grupo de trabajo recomienda el uso de un chupete durante el primer año de vida…»

Se puede consultar la declaración completa en:
    http://aappolicy.aappublications.org/cgi/content/full
    /pediatrics;116/5/1245

Para más información, contactar con:
    Academia Americana de Pediatría
    141 Northwest Point Boulevard
    Elk Grove Village, IL 60007-1098
    + 1 847-434-4000 - http://www.aap.org

Diferentes organizaciones y educadores reconocidos y respetados han respondido a este informe. Los siguientes apéndices incluyen una muestra de estas declaraciones.

APÉNDICE III

OPINIÓN DEL DR. JAMES MCKENNA SOBRE LAS RECOMENDACIONES DE LA ACADEMIA AMERICANA DE PEDIATRÍA SOBRE COMPARTIR CAMA MAYO DE 2007

¿Cuál es exactamente la posición de la AAP sobre compartir cama? ¿Qué grupos apoyan el hecho de compartir cama como una opción legítima y por qué parece mostrarse como algo malo en conversaciones públicas que incluyen a los medios de comunicación?

Dicho de forma simple, la Academia Americana de Pediatría, en su recomendación de 2005 (vea el Apéndice II), considera el hecho de compartir cama como algo «peligroso» y que está asociado con una mayor probabilidad de que el bebé muera a consecuencia del SMSL o de otro tipo de «muerte súbita inesperada». Tras revisar durante un año los estudios epidemiológicos de control (por desgracia, no se incluyeron otros estudios) y consultar posteriormente con otros expertos en la materia (los doctores Bradley Thach y James Kemp de la Universidad de Washington y yo mismo), el subcomité sobre la posición para el sueño infantil y SMSL recomendó que los bebés debían abandonar la cama de los padres cuando estos se disponían a dormir. El comité acepta la idea de que una madre dormida es incapaz de interactuar o responder a las necesidades del niño de manera segura, ni de garantizar su seguridad ante alguna forma de asfixia causada por su propia cercanía o por el colchón, la ropa de cama o el mobiliario.

La parte positiva es que este mismo comité recomienda que, de cara a evitar el SMLS, los niños deben por supuesto dormir boca arriba (y no boca abajo o de lado), puesto que muchos de los bebés fallecidos a causa del SMSL se durmieron estando de lado pero acabaron girándose boca abajo y murieron. Y, por primera vez, el comité recomienda que los bebés no deben dormir solos en una habitación, sino en un dormitorio junto con un cuidador adulto, es decir, que los bebés han de compartir habitación. El comité también apoya la lactancia materna. Uno diría que mientras que por un lado la AAP prohíbe compartir la cama, por otro recomienda el colecho en su forma de dormir en superficies independientes pero «próximas». Esta propuesta se antoja algo radical dada nuestra historia cultural, pero se basa en el hecho de que los bebés que duermen solos en su habitación tienen, como mínimo, entre un 25 % y un 50 % más de posibilidades de morir a causa del SMSL, según tres estudios epidemiológicos.

Creo que es correcto generalizar que la mayoría de pediatras no saben más sobre el SMSL de lo que leen en los resúmenes generales sobre la investigación de este síndrome escritos en las noticias pediátricas. A no ser que un médico durmiera de niño con sus padres o haya disfrutado del colecho con sus propios hijos, es muy probable que acepte las opiniones de la AAP sobre que el colecho es peligroso y que incrementa el riesgo de asfixia o SMSL. Debería tranquilizarle saber que muchos otros científicos que han estudiado el SMSL y otros aspectos de la biología maternoinfantil humana durante mucho tiempo, entre los que me incluyo, no estamos de acuerdo con la recomendación incondicional de la AAP contra compartir cama, no porque haya muchos casos en que deba hacerse una recomendación en su contra, sino porque una prohibición absoluta del hecho de compartir cama resulta demasiado simplista y científicamente errónea.

Para más información sobre la investigación y publicaciones del Dr. Jim McKenna, visite su página web: http://www.nd.edu/ ~ jmckenn1/lab

APÉNDICE IV

RESPUESTA DEL COMITÉ DE LACTANCIA DE ESTADOS UNIDOS (USBC) A LA AAP: 17 DE OCTUBRE DE 2005

Credibilidad parcial de las recomendaciones revisadas de la AAP para la prevención del SMSL

La semana pasada, la Academia Americana de Pediatría (AAP) hizo públicas las recomendaciones revisadas para la prevención del síndrome de muerte súbita del lactante (SMSL), algunas de las cuales ofrecen nueva y valiosa información para ayudar a los padres a proteger a sus hijos, mientras que otras no solo carecen de una sólida base científica, sino que implican algunos riesgos.

Ahora la AAP recomienda que los niños duerman en la misma habitación que sus padres porque este hecho está asociado con una reducción del riesgo de SMSL. Si bien los estudios han demostrado constantemente que los bebés que duermen solos en una habitación propia ven incrementado el riesgo de SMSL, esta información nunca ha sido difundida ampliamente. Se ha visto que dormir junto al propio bebé incrementa la sensibilidad maternal a las señales psicológicas nocturnas del niño y facilita el éxito de la lactancia. La lactancia, a su vez, está relacionada con una reducción del riesgo de padecer muchas enfermedades crónicas y agudas, lo que supone una reducción del 21 % de la tasa de mortalidad infantil según un análisis de los Institutos Nacionales de Salud y una disminución del riesgo de SMSL según otros estudios.

Las recomendaciones de la nueva declaración de la AAP han despertado una particular preocupación: dar a los bebés chupetes y sacarlos de la cama de los padres antes de dormir. Ambas recomendaciones son problemáticas en varios sentidos, puesto que carecen de una clara base científica, limitan las opciones de los padres, complican el reto que supone poner a dormir a los bebés e interfieren con la lactancia.

Dado que el uso de chupetes a temprana edad reduce la duración de la lactancia, la AAP recomienda en su declaración sobre el SMSL que se espere hasta el primer mes de edad (para facilitar un buen inicio y establecimiento de la lactancia) antes de introducir los chupetes en bebés amamantados. Pero incluso después de este período, los chupetes acarrean riesgos de salud y pueden minar el éxito de la lactancia.

Varios estudios (aunque no todos) han encontrado una asociación entre el uso del chupete y menores tasas de SMSL. Pero estos estudios no pueden determinar si la relación es causal y, por tanto, si el uso del chupete reduce el riesgo de SMSL. No obstante, incluso en el caso de que la estimulación oral de la succión resultara protectora, solo aquellos bebés faltos de la fuente natural de succión nocturna, el pecho, podrían beneficiarse de una fuente artificial de estimulación como es el chupete. Solo en dichos grupos «de riesgo» parecería tener sentido asumir los problemas de salud debidos al uso de chupetes, como las infecciones por hongos (cándidas), malformaciones orales e infecciones de oído.

También faltan datos que justifiquen si los padres deben dormir o no con sus hijos, aparte de informarlos sobre el efecto protector de dormir en la misma habitación que el bebé. En los mejores estudios controlados, la seguridad del bebé no está asociada con el mero hecho de que este duerma en la cama de sus padres, sino con factores ambientales específicos que garanticen la atención con independencia de si el bebé duerme en una cama, cuna u otra superficie. Por ejemplo, el SMSL se asocia a dormir boca abajo, madres fumadoras, colchones blandos y ropa de cama próxima al bebé que pueda cubrir su cabeza. Las excepciones evitables en que compartir cama se ha asociado a un mayor riesgo de SMSL incluyen el uso de mobiliario especialmente inseguro (por ejemplo, sofás, cuyo uso multiplica por 25 el riesgo de SMSL) y padres fumadores o incapacitados a causa del alcohol, las drogas o un agotamiento extremo.

El Comité de Lactancia de Estados Unidos recomienda cautela ante el consejo de usar chupetes con bebés amamantados incluso tras cumplir el primer mes de edad. También recalca la importancia de estar cerca del bebé y apoya la declaración del Comité de Lactancia de la AAP que establece que madre e hijo deben dormir en proximidad.

El USBC es un comité nacional formado por más de 30 organizaciones que protegen, fomentan y apoyan la lactancia materna.

Puede consultar las notas al pie en: www.usbreastfeeding.org.

El USBC es una organización de organizaciones. Las opiniones expresadas por el USBC no reflejan necesariamente la postura de todas las organizaciones miembro, ni las opiniones expresadas por los representantes del USBC establecen la postura del USBC.

Comité de Lactancia de Estados Unidos (USBC)
2025 M Street, NW Suite 800
Washington DC 20036
202-367-1132 - Fax: 202-367-2132
http://www.usbreastfeeding.org

APÉNDICE V

DECLARACIÓN DE LA LECHE LEAGUE INTERNATIONAL (LLLI) EN RESPUESTA A LA AAP: OCTUBRE DE 2005

La Leche League International (LLLI) muestra su preocupación ante la declaración sobre el síndrome de muerte súbita del lactante (SMSL) emitida por el Grupo de Trabajo sobre SMSL de la Academia Americana de Pediatría (AAP) el 10 de octubre de 2005. Las recomendaciones de la declaración sobre el uso de chupetes y el colecho reflejan una falta de comprensión elemental sobre la gestión de la lactancia.

Los chupetes, que se recomiendan en esta declaración, son sustitutos artificiales de lo que el pecho proporciona naturalmente. A menudo, los bebés amamantados maman para dormirse durante las siestas o por la noche. El uso recomendado de chupetes puede disminuir la producción de leche a causa de una reducción de la estimulación de los pechos y afectar de este modo la duración de la lactancia.

LLLI reconoce que un colecho seguro facilita la lactancia. Una manera significativa en que el colecho puede ayudar a la producción de leche materna es alentando las tomas regulares y frecuentes. La conocida investigación sobre las prácticas para un colecho seguro del Dr. James McKenna, Director del Laboratorio del Comportamiento del Sueño Maternoinfantil en la Universidad de Notre Dame, no fue considerada por el grupo de trabajo.

Además, la omisión obvia de las aportaciones del Comité de Lactancia de la AAP contribuye al hecho de que no se consideraran los aspectos de gestión de la lactancia. La Dra. Nancy Wight, Presidenta de la Academia de Medicina de la Lactancia, comenta que esta declaración «representa auténticamente un asombroso triunfo de las suposiciones etnocéntricas frente al sentido común y la investigación médica». La Dra. Wight también afirma que «Hay muchos médicos miembros de la AAP que no están de acuerdo con estas recomendaciones».

Aunque los autores declaran que la lactancia es beneficiosa y debe ser fomentada, sus recomendaciones sobre el uso de chupetes y el colecho podrían tener un impacto negativo en los esfuerzos de la madre por amamantar. Esta declaración causa confusión entre los padres y dista mucho de ser una política útil y completa.

LLLI es una organización sin ánimo de lucro que ayuda a las madres en la lactancia, y dispone de un consejo consultivo profesional internacional. El Centro para la Información sobre Lactancia de LLLI es una de las mayores bibliotecas mundiales de información sobre la lactancia humana y todo lo relacionado con ella. Organiza reuniones mensuales dirigidas a mujeres embarazadas y que dan el pecho para instruirlas en el manejo de la lactancia.

La Leche League International
1400 N. Meacham Road
Schaumburg, IL 60173-4808
Teléfono: + 1 847-519-7730
Fax: + 1 847-519-0035
llli@llli.org
http://www.lalecheleague.org
En España, http://www.laligadelaleche.es

APÉNDICE VI

DECLARACIÓN DE LA ASOCIACIÓN INTERNACIONAL DE CONSULTORES DE LACTANCIA (ILCA) EN RESPUESTA A LA AAP: 28 DE NOVIEMBRE DE 2005

La muerte súbita inesperada de un bebé en apariencia sano es una tragedia por la que ninguna familia debería pasar. En un esfuerzo por continuar reduciendo las tasas del síndrome de la muerte súbita del lactante (SMSL) en Estados Unidos, el Grupo de Trabajo sobre SMSL de la Academia Americana de Pediatría ha hecho público un conjunto revisado de recomendaciones que han provocado controversia debido a su impacto potencial en las familias que amamantan.[1] En concreto, la Academia de Medicina de la Lactancia, así como otros grupos defensores de la lactancia,[2-4] han mostrado su preocupación por las nuevas recomendaciones para incrementar el uso de chupetes y oponerse a compartir la cama. Puesto que estas recomendaciones se utilizarán para establecer las prácticas estándar entre los médicos, es importante que los consultores de lactancia comprendan sus fundamentos y su significación para familias que amamantan.

La Asociación Internacional de Consultores de Lactancia (ILCA) reconoce que mucha de la controversia que rodea estas recomendaciones es el resultado de inconsistencias en los hallazgos de la investigación sobre el uso del chupete y la lactancia, el colecho/compartir cama y el SMSL. La inconsistencia de los resultados en la investigación sobre lactancia suele deberse a la inexistencia de una clara definición sobre lo que es la lactancia.[5] Comparar niños que «nunca» fueron amamantados con aquellos que «siempre» lo fueron presupone combinar prácticas muy diferentes en los mismos grupos y potencialmente mezclar niños que solo tomaron el pecho una vez en el hospital con aquellos que mamaron de forma exclusiva durante varios meses. Los ensayos de investigación bien diseñados deben definir tanto la exclusividad como la duración de la lactancia.[5] Muy pocos de los estudios citados en la declaración de política de la AAP definen la exclusividad o la duración. El modelo de referencia adecuado sería el de un bebé amamantado de forma exclusiva durante 6 meses.[6,7]

Se han publicado muchos estudios que examinan la asociación entre el uso del chupete y la duración de la lactancia tanto en bebés a término como prematuros. Muchos de los estudios observacionales indican que el uso del chupete, en cualquier estado de la lactancia, está asociado con una reducción de la exclusividad o duración de la lactancia.[8-18] Sin embargo, los ensayos clínicos controlados aleatorios indican que el uso del chupete tras el primer mes del parto no está significativamente asociado con una menor duración de la lactancia.[19-21] Es posible que el uso de un chupete sea un indicador de dificultades en la lactancia, en lugar de la causa de los problemas, o que otros factores contribuyan tanto al uso del chupete como al destete prematuro. Basándose en los datos de los ensayos aleatorios que examinan la asociación entre el uso del chupete y la reducción del riesgo de SMSL,[22] el comité de la AAP recomendó no utilizar chupetes a las familias que amamantan durante el primer mes posterior al parto para garantizar un buen establecimiento de la lactancia. Los consultores de lactancia juegan un papel importante a la hora de asegurar que el uso del chupete tras el primer mes no interferirá con el éxito de la lactancia.

ILCA aplaude la recomendación de la AAP de dormir cerca del bebé para reducir el riesgo de SMSL. Pero oponerse a cualquier forma de compartir cama con el bebé amamantado resulta muy controvertido.[7,23] Es muy probable que el lactante que toma pecho duerma en posición supina y succione con frecuencia a lo largo de la noche, obteniendo de forma natural dos objetivos que potencialmente reducen el SMSL: menor sueño profundo y despertares frecuentes y cortos. Dada la necesidad de tomas nocturnas durante los primeros meses, el hecho de compartir cama es un medio para que los padres reduzcan el tiempo que permanecen despiertos por la noche. En un estudio de más de 10.000 familias, las madres que amamantaban compartían cama en una proporción tres veces superior a los que daban el biberón.[24] Es necesario explorar los efectos potenciales de las directrices sobre la duración y exclusividad de la lactancia. Es importante que los propios consultores de lactancia se informen sobre las posibles disposiciones de la familia a la hora de dormir y que investiguen sobre cualquier aspecto relativo a la lactancia.

ILCA continúa recomendando la lactancia exclusiva durante 6 meses y la posterior introducción de la alimentación complementaria adecuada a cada edad, y que se mantenga la lactancia hasta al menos los 2 años. Siguiendo las directrices de la AAP:

Debe evitar los chupetes hasta que la lactancia esté bien establecida.

Es necesario supervisar a las madres que tengan dificultades con la lactancia, en especial si optan por usar chupetes.

Los bebés deben dormir cerca de sus madres, aunque no necesariamente en la misma cama.

Se precisa más investigación sobre el sueño de los bebés sanos y la asociación entre colecho y los patrones de alimentación infantil

Los bebés nunca deben dormir con otros niños, con padres que fumen o abusen de las drogas o el alcohol, en sofás o en cualquier otro lugar en que puedan quedar atrapados.

Los bebés siempre se han de poner a dormir boca arriba, en un colchón firme, sin almohadas u otra ropa de cama blanda o suelta.

Los esfuerzos educativos deben poner especial atención en promover la lactancia exclusiva durante los 6 primeros meses de vida, eliminar el consumo del tabaco entre los padres y durante el embarazo, y advertir a padres, cuidadores y personal hospitalario sobre los peligros de poner los bebés a dormir en una posición diferente a la supina.

Si bien las nuevas directrices resultan controvertidas, las recomendaciones de evitar el uso de chupetes durante el primer mes y alentar a los padres para que duerman en la misma habitación que sus hijos son avances positivos para el fomento de la lactancia. Los consultores de lactancia deben seguir en su demanda de investigación sobre estos aspectos importantes para la prevención del SMSL. A medida que crezcan las pruebas, será responsabilidad de la AAP refinar sus directrices en línea con los resultados de la investigación.

La Asociación Internacional de Consultores de Lactancia es una red mundial de profesionales de la lactancia. Para más información sobre el incremento de la lactancia exclusiva, consulte las *Directrices clínicas del ILCA para el establecimiento de la lactancia exclusiva*, publicadas en 2005 y disponibles en: www.ilca.org.

Puede consultar las notas al pie en: www.ilca.org

International Lactation Consultant Association
1500 Sunday Drive, Suite 102
Raleigh, NC 27607
Estados Unidos
Teléfono: + 1 919-861-5577
Fax: + 1 919-787-4916
info@ilca.org
http://www.ilca.org

REFERENCIAS

1. McKenna, James J., Mosko, Sarah, Dungy, Claiborne and McAninch, Jan. (1990). "Sleep and Arousal Patterns of Co-Sleeping Human Mother-Infant Pairs: A Preliminary Physiological Study with Implications for the Study of the Sudden Infant Death Syndrome (SIDS)." American Journal of Physical Anthropology, 82(3): 331–347.

2. Mosko, Sarah, McKenna, James J., et al. (1993). "Infant-Parent Co-sleeping: The Appropriate Context for the Study of Infant Sleep and Implications for SIDS." Journal of Behavioral Medicine, 16(6): 589–610.

3. Keller, M.A. and W.A. Goldberg (2004). "Co-sleeping: Help or hindrance for young children's independence?" Infant and Child Development: 369–388. DOI:10.1002/icd. 365.

4. Mosko, S., Richard, C., & McKenna, J. (1997). "Maternal sleep and arousals during bedsharing with infants." Sleep, 20(2): 142–150.

5. Nelson, E.A.S et al. (2001). "International Child Care Study: Infant Sleeping Environment." Early Human Development. 62: 43–55.

6. McKenna, J. J., Thoman, E. B., Anders, T. F., Sadeh, A., Schechtman, V. L., & Glotzbach, S. F. (1993). "Infant-parent co-sleeping in an evolutionary perspective: implications for understanding infant sleep development and the sudden infant death syndrome." Sleep, 16(3): 263–282.

7. McKenna, James J. and L.Volpe. "An Internet Based Study of Infant Sleeping Arrangements and Parental Perceptions." Infant Behavior and Child Development special issue on cosleeping. Wendy Goldberg , Editor.

8. Montagu, Ashley Touch. (1986). "The Significance of Human Skin."(3rd edition). Harper Row: New York.

9. Field, T. M. (1998). "Touch therapy effects on development." International Journal of Behavioral Development, 22: 779–797.

10. Field, T. (2001). "Massage therapy facilitates weight gain in preterm infants." Current Directions in Psychological Science, 10: 51–54.

11. Whiting, J. W. M. (1981). "Environmental constraints on infant care practices." Handbook of Cross-Cultural Human Development. R. H. Munroe, R. L. Munroe, R. L. and B. B. Whiting, editors. New York: Garland STPM Press.

12. Field, T. M., Schanberg, S. M., Scafidi, F., Bauer, C. R., Vega-Lahr, N., Garcia, R. et al. (1986). "Tactile/kinesthetic stimulation effects on preterm neonates." Pediatrics, 77: 654–658.

13. Montagu, Ashley Touch. (1986). The Significance of Human Skin (3rd edition). Harper Row: New York.

14. Brazy, J. E. (1988). "Effects of crying on cerebral blood volume and cytochrome aa3." The Journal of Pediatrics, 112: 457–461.

15. "Controlled Crying." (2002). Australian Association of Infant Mental Health Position Paper.

16. Reiter, M. and Field, T. (1985). "The Psychobiology of Attachment and Separation." New York; Academic Press.

17. Mosko, S., Richard, C., and McKenna, J. (1997a). "Infant arousals during mother–infant bed sharing: Implications for infant sleep and sudden infant death syndrome research." Pediatrics, 100: 841–849.

18. Anderson, G. C. (1995). "Touch and the kangaroo care method." In T. M. Field (Ed.), Touch in early development, Mahwah, NJ: Lawrence Erlbaum: 33–51.

19. Ball, Helen. (2003) Breast Feeding, bedsharing and infant sleep. Birth. Issues in Prenatal Care, 30(3):181–188.

20. Ludington-Hoe, S. et al. (1999). "Birth-related fatigue in 34–36-week preterm neonates: rapid recovery with very early kangaroo (skin-to-skin) care." Journal of Obstetric, Gynecologic, and Neonatal Nursing, 28(1): 94–103.

21. de Chateau, P. W., B. (1977). "Long-term effect on mother-infant behaviour of extra contact during the first hour post partum. II. A follow-up at three months." Acta Paediatr Scand, 66(2): 145–151.

22. DiPietro, J., Larson, S.K., Porges, S.W. (1987). "Behavioral and heart rate pattern differences between breast fed and bottle fed neonates." Developmental Psychology, 23(4): 467–474.

23. Widstrom, A. et al (1990). "Short term effects of early suckling and touch of the nipple on maternal behaviour." Early Human Development, 21: (153–163).

24. Vial-Courmont, M. (2000). "The kangaroo ward." Med Wieku Rozwoj 4(2 suppl 3) : 105–17.

25. Stewart, M.W., Stewart, L.A. (1991). "Modification of sleep respiratory patterns by auditory stimulation: indications of techniques for preventing sudden infant death syndrome." Sleep, 14(3): 241–8.

26. Thoman, E.B. and Graham, S.E. (1986). "Self-regulation of stimulation by premature infants." Pediatrics, 78: 855–60.

27. Mosko, S., Richard, C., McKenna, J., Drummond, S., & Mukai, D. (1997). "Maternal proximity and infant CO2 environment during bedsharing and possible implications for SIDS research." American Journal of Physical Anthropology, 103(3): 315–328.

28. American Academy of Pediatrics Section on Breastfeeding. (2005). "Breastfeeding and the use of human milk." Pediatrics, 115: 496–506.

29. R. Carpenter, L. Irgens, P. Blair, P. England, P. Fleming, J. Huber, G. Jorch, P. Schreuder. "Sudden unexplained infant death in 20 regions in Europe: case control study." The Lancet, 363(9404): 185–191.

30. Quillin, S. I. M., and Glenn, L. L. (2004). "Interaction between feeding method and co-sleeping on maternal-newborn sleep." Journal of Obstetric, Gynecologic, and Neonatal Nursing, 33: 580–588.

31. American Academy of Pediatrics Section on Breastfeeding. (2005). "Breastfeeding and the use of human milk." Pediatrics, 115: 496–506.

32. Konner, M. & Worthman, C. (1980). "Nursing frequency, gonadal function, and birth spacing among !Kung hunter-gatherers." Science, 207: 788–791.

33. McKenna, J. J., Mosko, S.S., et al. (1997). "Bedsharing promotes breastfeeding." Pediatrics, 100: 214–219.

34. Ball, H.L. (2003). "Breastfeeding, bed-sharing and infant sleep." Birth, 30(3): 181–188.

35. Dewey, K.G. (1998). "Growth characteristics of breast-fed compared to formula-fed infants." Biol Neonate, 74: 94–105.

36. Ball, H. L. (2002). "Reasons to bed-share: why parents sleep with their infants." Journal of Reproductive and Infant Psychology, 20(4): 207–221.

37. Chen, A., Rogan, W. (2004). "Breast feeding and the risk of post-neonatal death in the United States." Pediatrics, 113: E435–E439.

38. Lucas, A., Morley, R. et al. (1992). "Breast milk and subsequent intelligence quotient in children born preterm." Lancet, 339: 261–264.

39. Newcombe, P.A. et al. (1994). "Lactation and reduced risk of premenopausal breast cancer." New England Journal of Medicine, 330(2): 81–87.

40. Ainsworth, M.D.S., Blehar, M.C., Waters, E., Wall, S. (1978). "Patterns of attachment: A psychological study of the strange situation." Hillsdale, NJ: Lawrence Erlbaum.

41. Posada, G., Jacobs, A., Richmond, M.K., Carbonell, O.A., Alzate, G., Bustamante, M.R., et al. (2002) "Maternal caregiving and infant security in two cultures." Developmental Psychology, 38: 67–78.

42. Thompson, R.A. (1999). "Early Attachment and later development". J. Cassidy & P.R. Shave (Eds.). New York: Guilford Press. Handbook of attachment: Theory, research and clinical applications: 265–286.

43. Ball, H. Ball, Helen L. (2006). "Parent-Infant Bed-sharing Behavior: effects of feeding type, and presence of father." Human Nature: an interdisciplinary biosocial perspective 17(3): 301–316.

44. Ball, H. L. (2002b). "Reasons to bed-share: why parents sleep with their infants." Journal of Reproductive and Infant Psychology, 20(4): 207–221.

45. Anisfeld, E., Casper, V., Nozyce, M., and Cunningham, N. (1990). "Does infant carrying promote attachment? An experimental study of the effects of increased physical contact on the development of attachment." Child Development, 61: 1617–1627.

46. Rigda, R.S., et al. "Bed sharing patterns in a cohort of Australian infants during the first six months after birth." Journal of Pediatrics and Child Health, 36(2): 117–121.

47. Ball, H. L. (2002b). "Reasons to bed-share: why parents sleep with their infants." Journal of Reproductive and Infant Psychology, 20(4): 207–221.

48. National Sleep Foundation (2005). Sleep in America Poll. Retrieved 6/28/06 http://www.sleepfoundation.org/_content/hottopics/2005_summary_of_findings.pdf.

49. McKenna, James J. and L.Volpe. "An Internet Based Study of Infant Sleeping Arrangements and Parental Perceptions." Infant Behavior and Child Development special issue on cosleeping. Wendy Goldberg , Editor.

50. Ball, H. Ball, Helen L. (2006). "Parent-Infant Bed-sharing Behavior: effects of feeding type, and presence of father." Human Nature: an interdisciplinary biosocial perspective, 17(3): 301–316.

51. McKenna, James J. and Thomas McDade. "Why Babies Should Never Sleep Alone: A Review of the Cosleeping Controversy In Relationship To SIDS, Breast Feeding and Bedsharing." Pediatric Respiratory Reviews, 6: 134–152.

52. Spock, B. (1988). Dr. Spock on parenting: Sensible advice from America's most trusted child-care expert. (M. Stein, Ed.). Pocket Books: New York.

53. National Sleep Foundation (2005). Sleep in America Poll. Retrieved 6/28/06 http://www.sleepfoundation.org/_content/hottopics/2005_summary_of_findings.pdf.

54. Ferber, Richard. (2006). "Solve Your Child's Sleep Problems" Fireside: London and New York.

55. Nakamura, S., Wind, M., and Danello, M. (1999). "Review of hazards associated with children placed in adult beds." Archives of

Pediatric and Adolescent Medicine, 153(10): 1018–23.

56. Fleming, P., Blair P. and McKenna, J.J. (2006). "New knowledge, new insights and new recommendations" Arch. Dis. Child, 91: 799–801.

57. McGarvey, C. and McDonnell, M. (2006). "An eight year study of risk factors for SIDS: bedsharing vs. non-bedsharing." Arch Dis. Child, 91: 318–323.

58. Byard, R. , Beal,S, Bourne A(1994). Potentially dangerous sleeping environments and accidental asphyxia in infancy and early chioldhod. Arch. Dis in Children, 71: 497–500.

59. Fleming, P., Blair, P., Bacon, C., et al. (1996). "Environments of infants during sleep and the risk of the sudden infant death syndrome: Results of 1993–1995 case control study for confidential inquiry into stillbirths and deaths in infancy." British Medical Journal, 313: 191–195.

60. Carroll-Pankhurst, C. and Mortimer, A. (2001). "Sudden infant death syndrome, bedsharing, parental weight, and age at death." Pediatrics, 107(3): 530–536.

61. Heron, P. (1994). "Non-Reactive Cosleeping and Child Behavior: Getting a Good Night's Sleep All Night, Every Night," Master's thesis, Department of Psychology, University of Bristol.

62. Crawford, M. (1994). "Parenting Practices in the Basque Country: Implications of Infant and Childhood Sleeping Location for Personality Development." Ethos 22, no. 1: 42–82.

63. Lewis, R.J. and Janda L.H. (1998). "The Relationship between Adult Sexual Adjustment and Childhood Experience regarding Exposure to Nudity, Sleeping in the Parental Bed, and Parental Attitudes toward Sexuality." Archives of Sexual Behavior, 17: 349–363.

64. Forbes, J.F. et al. (1992). "The Cosleeping Habits of Military Children." Military Medicine, 157: 196–200.

65. Keller, M.A. and Goldberg, W.A. (2004). "Cosleeping: Help or hindrance for young children's independence?" Infant and Child Development, 13: 369–388. DOI:10.1002/icd.365.

66. Gromada, Karen and Gromada-Kerkoff. (2006). Mothering Multiples: Breast Feeding and Caring For Twins.

67. Lutes, L. and Altimer, L. (2001). "Co-bedding multiples." Newborn and nursing reviews 1(4). Available online at http://www.nainr.com/scripts /om.dll/serv.

68. Nyqvist, K.H. and Lutes, L.M. (1998). "Cobedding twins: a developmentally supportive care strategy." Journal of Obstetrical, Gynecological, and Neonatal Nursing, 27(4): 450–56.

69. Ball, Helen. (2006). "Caring for twins: sleeping arrangements and their implications" Evidence Based Midwifery, 4(1): 10–16.

70. Ball, Helen. "Together or Apart? A behavioral and physiological investigation of sleeping arrangements for twin babies." Midwifery in press.

71. Hauck, F. R. et al. (2003). "Sleep environment and the risk of sudden infant death syndrome in an urban population." The Chicago Infant Mortality Study. Pediatrics, 111 (5): 1207–1214.

72. McKenna, James J. (2000). "Cultural influences on infant and childhood sleep biology and the science that studies it: Toward a more inclusive paradigm. Sleep and Breathing In Children and Pediatrics." J Laughlin, C, Marcos, J. Carroll (Eds). Marcel-Dekker Pub: 99–130.

ÍNDICE

La letra t seguida de un número de página denota una tabla

ACERCA DE
CRIANZA NATURAL®

Crianza Natural es una empresa familiar fundada en 2003 cuyo propósito es difundir los principios de la crianza con apego, un estilo de crianza basado en el respeto a los niños, la satisfacción inmediata de sus necesidades básicas y la creación de un sólido vínculo entre padres e hijos.

En apenas unos años, el sitio web de Crianza Natural se ha convertido en un lugar de referencia para los cientos de miles de padres de habla hispana que lo visitan cada mes. Además de cientos de artículos con información contrastada sobre el embarazo, parto, lactancia y crianza de los hijos, el sitio web dispone de uno de los foros más activos de Internet, en que madres y padres pueden compartir sus experiencias y aportar nuevos puntos de vista.

La traducción al castellano y publicación de *Dormir con tu bebé: una guía para padres sobre el colecho* constituye nuestra segunda aventura editorial, tras la reedición de *Nuestros hijos y nosotros* de la Dra. Meredith Small. Tenemos la seguridad de que este libro será una valiosa referencia para todos aquellos padres que han optado o están pensando en dormir con sus bebés, frente a las alternativas de carácter conductista.

Para más información acerca de Crianza Natural o solicitar un catálogo con nuestros productos, visite www.CrianzaNatural.com.

Crianza Natural, S.L.
Maria Aurèlia Capmany, 2 (local)
08860 Castelldefels (Barcelona)
Teléfono: 93 645 23 69
Fax: 93 636 24 32
www.CrianzaNatural.com
info@CrianzaNatural.com